本当は怖い自民党改憲草案

伊地知紀子
新ヶ江章友 編

山室信一
藤原辰史
中村一成
西垣順子
弘川欣絵
西澤晃彦
石川康宏
内田 樹
石埼 学
武村二三夫
岩佐卓也
香山リカ
金 尚均
大野 至
塩田 潤 著

法律文化社

はしがき

この本には、自民党改憲草案が実現した後の日本の未来が記されています。もちろん、現政権はこの草案どおりに行くのではないと、安倍首相自身が２０１６年2月の衆議院予算委員会の質疑において認めています。しかしながら、このテキストには自民党がどのような国を築こうとしているのか、未来予想図が描き込まれています。それゆえ、現政権が改憲に向かうなかでの地図の作戦図として懐に収められており、これを徹底的に検討することは喫緊の課題なのです。各執筆者には、この予想図を七つのテーマ（章）、全体像（オピニオン）、重要ポイント（コラム）と区切った上で自由自在に展開してくださいとお願いしました。私は、編者として本書に関わることにしたので、各論考の第一読者となりました。寄せられた原稿を読みながら、深く嘆息せずにはいられませんでした。そうして、最後の頁にたどり着いた後、この本を企画してよかったと思える力をもらいました。日本国憲法は、第二次世界大戦での戦禍に対して頭を深く垂れることから生まれましたが、いかに革新性を有するものであるのか、各論考をとおして改めて学ぶことができたのです。

本書が生まれることになったきっかけをお話しします。２０１５年9月19日、平和安全法制整備法と国際平和支援法（以下合わせて、安保法制）が可決されました。これらの法案が提出された頃から、「ＳＥＡＬＤｓ―自由と民主主義のための学生緊急行動」に牽引され、反対の動きが大学を拠点として広がっていきました。東京では、「安全保障関連法に反対する学者の会」が全国の大学有志の会をつなぐハブとして立ち上がりました。私が現在所属している大阪市立大学でも、「教え子を再び戦場へ送るな」という思いで「違憲安全保障関連法案に反対する大阪市立大学有志の会」が結成されました。今、私が教えている学生たちのルーツは多様です。学部生の多くは日本国籍ですが、韓国国籍と日本国籍の親を持つ学生もいます。大学院には、アメリカ、韓国、中国それぞれの国籍の学生が研究のために入学し、聴講するベトナム国籍の人もいました。韓国国籍のうち一人は在日コリアンで、その学生のおじいさん、おばあさんは朝鮮籍です。このように、学びの場は多様な学生によって成り立っており、どこの大学でも同様の光景がみられます。

安保法制が成立した今、日本が戦場へ参加するとなれば、動員の対象はまず日本国籍の者となります。私はこれまで、日本国籍の学生には「翌年に徴兵制がしかれ徴兵の対象となる可能性を念頭に、今の平和がどのようにしてあるのかを考えてほしい」といってきました。そして、「同じ教室にいる日本国籍ではない学生に対して銃を向ける事態が起きたとき、自分はどのように判断し行動するだろうかと考えてほしい」とも話してきました。学生にとどまらず、日本には多様な国籍をもつ住民がいます。みなさんのなかにも、親が、パートナーが、子どもが、親戚が、友人が外国籍だという方もおられると思います。日本が戦争へ参加すれば、対戦する国家の国籍をもつ人は、この日本でどうなるでしょうか。親子が、夫婦が、友人同士が、引き裂かれ、敵対関係となる。「戦争になれば、戦場に行くしかない」と答える人がいます。けれども、そう答える人は自分が戦場に行って何をするのか、具体的に考えてみたのでしょうか。今の日本に広がる心身不問の様態は、ラ・ボエシの「自発的隷従」を見事に体現しているといえます。

こうした危機感がじわじわと押し寄せてくるものの、安保法制成立後の世間はアベノミクス（要は金）の話題ばかりで市民による反対運動も小休止気味になる。それは止むを得ないのです。ずっと走り続けるのはしんどいし、体勢の立て直しをそれぞれが模索していました。そのなかで、全国規模より小回りの利く地域単位のつながりも必要だろうと思いつき立ち上げたのが、安保法制に反対する関西圏の大学有志の会の略称「反安関西」ネットワークでした。

「反安関西」結成のきっかけとなったのは、内田樹さん（本書「オピニオン」執筆）に登壇いただいた２０１５年12月の「民主主義って何や？」集会でした。このときは、講演後のトークに香山リカさん（本書「オピニオン」執筆）も飛び入り参加されました。関西圏にある16大学の有志の会メンバーが顔を揃え、以後のつながりが必要であることを確認したのです。各大学有志の会は、毎月のように学習会や講演会を開催しながら、２０１６年6月に「この国に未来を築こう」集会で白井聡さんを講師にお招きし、12月には「改憲するとどうなる？——日本の『言論・報道の自由』は今」集会を開催しました。この集会では、エセックス大学フェローとして国連へ日本の問題を伝え国際世論を高める活動をしておられる藤田早苗さんから、特定秘密保護法への国連勧告を無視し続ける日本政府が自由な任務を保障すべき国連調査を監視していたことが明らかにされました。

安保法制の強行採決場面を今一度思い出しましょう。たいして審議もせず、議事録もナイものとされたにもかかわらず、成立してしまいました。このままでは緊急事態条項を加えるために、安倍政権は何でもしかねません。公共事業の増発、雇用の安定といったアメをちらつかせ、市民の視野を狭くし、そのうち有事を引き起こし、これをテコに経済活性化をはかりかねません。戦争になれば、経済が潤う。私たちはこの事実を歴史から学んできました。戦後日本の朝鮮戦争による特需もそうでした。戦争物資を造ることで、人が死ぬことでよくなる景気で、自分の生活を豊かにしたいでしょうか。

私は今、日本が戦前に回帰しているように思えてなりません。戦前、日本は負け戦を止められず、多くの殺人者と犠牲者を生み出しました。理由はどうあれ、戦争であろうと、人を殺すことは殺人です。憲法前文には、「われらは、全世界の国民が、ひとしく恐怖と欠乏から免かれ、平和のうちに生存する権利を有することを確認する」という一文があります。平和的生存権と称されています。かつての植民地宗主国が世界のなかでこの文言を掲げ続けることがどれほど大切なことなのか。日本は第二次大戦後、長く平和でした。もちろん、その平和は憲法九条と、植民地責任・戦争責任を見ないことで保たれてきたといってよいでしょう。こうした点もひっくるめて、これからの私たちが平和に生きる道は、世界各国と互いに反目する関係をつくらないことです。どうすれば友好な関係を形成し維持できるのか、日本国憲法はその問いを私たちに発し続けてきた点において革新的な存在であり続けてきました。私たち日本の市民のなかには、過去70年の間にこの問いへの応答を模索してきた人たちもいます。その片鱗は、２０１５年12月に韓国釜山市にオープンした国立日帝強制動員歴史館の展示にもみられます。最終に置かれた「日本の『良心の声』」という展示では、日本で戦争責任問題を牽引してきた人びとが紹介されています。草の根での友好関係づくりはすでに始まっているのです。

にもかかわらず、安倍政権は、戦争を可能にする国づくりへと突き進もうとしています。自民党改憲草案の主軸は、「公益及び公共の秩序」に従うかどうかを国民に問うところにあります。私はこの点が最も気になりました。ここでいう「公益及び公共の秩序」を守れというのは、「オレのいうことが聞けないヤツは出ていけ！（でも、実際は出ていけないんだから言うこと聞いておけ）」という恫喝と同じです。さらに、安倍首相は改憲草案とは別に改憲の基本姿勢として次の4項目を提案しています。⑴九条に自衛隊の根拠規定を追加、⑵大規模災害時に国会議員の任期を延長する緊急事態条項の創設、⑶幼児教育から高等教育までの無償化、⑷参院選挙区の「合区」解消。各項目を検討します。⑴は、国防軍への布石であり軍需産業活性化策。⑵は、法律整備で対応可能。⑶は、民主党が実施したので改憲不要（但し、朝鮮高級学校は排除されました。第3章参照）。⑷は、⑵と同様に改憲課題ではありません。つまり、安倍首相の提案は改憲＝壊憲へのエサなのです。この草案が今後国民投票にかかれば、投票数自体が僅少であっても、過半数が賛成すれば通ってしまいます（安倍政権は、まず憲法九六条の改正にとりかかり、衆議院の三分の二以上の賛成というハードルを過半数へと下げることに躍起になるでしょう。そのあとが国民投票ですが、改正項目ごとの投票となります)。通ってしまえば、首相の独裁決定に加担するも同じです。

面倒がらずに、ここで立ち止まってよく考えてみませんか。私たちは政治の主人公です。憲法は権力の濫用を許さないために存在するのであり、「おかしいんじゃない」という問いの先発権は有権者にある。このことを示す立憲主義という言葉の重みを改めて実感する時が今なのです。「自発的隷属」の鎖を断ち切るべく、すでに、その一歩を踏み出し始めた市民が全国で動き始めています。関西圏では、本書のベースとなった「反安関西」の他に、安保法制の廃止と立憲主義の回復を求める関西市民連合、SADL―民主主義と生活を守る有志、おおさか総がかり行動実行委員会、各地域のママの会などが粘り強く活動を進めています。本書は、こうした動きへの連帯を表明し、自民党改憲草案がいかに怖いのか、手元に置いて考える素材をより広く共有したい、そんな思いで企画したものです。本書では、自民党改憲草案の表記や文章の構成については各執筆者にお任せしました。表記や構成を統一することよりも、それぞれの論者がこの草案を読むことで見通した日本の姿を描き出すタッチの幅広さと多彩さが、この草案の怖さ恐ろしさの深さと重さをひしひしと伝えられると考えたからです。

では、本文へお入りください。私たちが、このような本を出版できる社会であり続けることを願いながら。

2017年5月　伊地知 紀子

目　次

第1章

ナショナリズム

国民と国家はどうなるのか

京都大学
山室信一

1　忍び寄る「憲法改正」後の日常

自由民主党が進めようとしている「憲法改正」とは、それ自体が目的であるといった論評もなされている。果たして、そうであろうか。もちろん、「押しつけ憲法」や「占領政策憲法」を一条でも改めることができれば、「戦後レジームからの脱却」を達成できると考えている改憲論者がいるには違いない。そして、「お試し改憲」を突破口にして本丸である第九条の改正に至ることがめざされていることも否定できない。しかし、私には本書でも言及される多くの危惧とともに、日々に進行している「官邸主導」政治が、より専権的な制度に向けて改変されていること自体が、既にして「憲法改正」を実態化しつつあることに何よりも留意しておく必要があるように思われる。そうした視点から、ここでは自民党改憲草案が実現したら、いかなる国制（統治機構・装置としての国家）になり、国民がどのように行動することが日常化するのか、について検討しておきたい。[*1]

自民党改憲草案の下で生じる事態については、さまざまな局面で想定されるが、具体的で分かりやすい事例が私たちの前に示されることになった。2017年2月になって国有地払い下げ問題に関連して、メディアで取り上げられるようになった大阪市にある森友学園・塚本幼稚園の2015年秋の運動会における選手宣誓の動画である。そこでは4人の園児が「大人の人たちは日本が他の国々に負けぬよう、尖閣列島、竹島、北方領土を守り、日本を悪者と扱っている中国・韓国が心改め、歴史教科書で嘘を教えないよう御願いいたします。安倍首相がんばれ！　安倍首相がんばれ！　安保法制、国会通過、良かったです！」と唱和していた。この問題が表面化する以前から、塚本幼稚園については「五か条の御誓文」や「教育勅語」を園児に暗誦させ、「君が代」をはじめとして「愛国行進曲」や「日の丸行進曲」などの軍歌を歌わせている幼稚園として関西では知られていた。そして、大阪護国神社で開催されている「同期の桜を歌う会」でも、「愛国行進曲」・「日の丸行進曲」・「日本」などの歌を園児に「奉唱」させることがおこなわれてきていた。

自民党改憲草案の第三条「国旗及び国歌」に規定された「国旗は日章旗とし、国歌は君が代とする。2．日本国民は、国旗及び国歌を尊重しなければならない。」という条項が実現すれば、保育園・幼稚園から始まって大学でも、さらには職場や家庭においても国歌を斉唱し、国旗を掲揚することが「日本国民」の要件とされ、それを拒否することは「非国民」や「反日」として弾劾されることになるであろう。

そのことは自由民主党「日本国憲法改正草案Q＆A」（以下、Q＆Aと略す）で「国旗・国歌をめぐって教育現場で混乱が起きていることを踏まえ、3条に明文の規定を置くこととしました。」「また、3条2項に、国民は国旗及び国歌を尊重しなければならないとの規定を置きましたが、国旗及び国歌を国民が尊重すべきであることは当然のことであり、これによって国民に新たな義務が生ずるものとは考えていません」とあることから明らかなように、この規定が置かれることによって国旗掲揚・国歌斉唱を強制することは「思想及び良心の自由」を保障した憲法第一九条に抵触しないこととなる。それによって、Q＆Aでも書かれているように、教育現場で起きている問題を終息させることが意図されている。

さらに、この規定が置かれることによって、2015年6月に当時の下村博文・文部科学大臣が86の国立大学の学長に対し、卒業式・入学式での国旗掲揚と国歌斉唱を要請し、さらに翌年2月には馳浩・文部科学大臣がこれをおこなわないのは「国立大学として恥ずかしい」といった発言を繰り返したことも、「当然のことであり、新たな義務が生じるものではない」とされることになることは必定である。しかし、予め明確にしておけば、馳・文部科学大臣の発言に対して憲法学者100名が反対を表明したように、たとえそれが国費を投入した国立大学であっても、国旗掲揚と国歌斉唱を大学に義務づけることは憲法第二三条の「学問の自由は、これを保障する」（自民党改憲案でも同条は「学問の自由は、保障する」となっている）という条項に抵触することになる。大学に関しては、学問の自由を保障する観点から、学習指導要領に相当するような教育内容について指示・強制する権限は文科省に与えられてはいないからである。もちろん、国旗掲揚と国歌斉唱は、学問の自由とは無関係であり、「日本国民」としての当然の義務だとして強要されることも予測できる。しかし、大学のグローバル化と称して外国人教師や留学生の増加、そして英語による授業を強請していることと、そこでの卒業式・入学式において国旗掲揚と国歌斉唱を義務づけることとの間に生じる矛盾を認識できないようでは、大学としての存立意義を問われることになるはずである。

そもそも、「国旗及び国歌に関する法律」が1999年8月に制定されるにあたっては、当時の小渕恵三首相が「政府としては、今回の法制化に当たり、国旗の掲揚等に関し義務づけを行うことは考えておらず、したがって、国民の生活に何らの影響や変化が生ずることとはならないと考えている」と確言し、文部大臣も子どもに対して強制しないだけでなく、「内心の自由であることをしたくない教員が、他の人にも自分はこうだということを押しつけて、他の人にまでいろいろなことを干渉するということは許されない」と明言していたはずであった。

しかし、その後、教育現場では式典等で国旗掲揚や国歌斉唱の際に教職員が起立することが、文部省が定めた学習指導要領を根拠に教育委員会などから職務命令として出され、これに従わなかった場合に懲戒処分が出される事態が頻発した。もちろん、この学習指導要領は、行政命令であるため、憲法や法律に違反することはできない。にもかかわらず、法律制定時に確約されていた「義務づけ」や「押しつけ」をおこなわないということが、いとも簡単に反故にされ、「口パク」を監視したり、告発することが当然とされる状況に転じていったのである。Q＆Aが教育現場で起きているとした「混乱」とは、立法者意思とは異なった「国旗及び国歌に関する法律」の運用がおこなわれた結果に過ぎなかったが、自民党改憲草案が施行されることによって「日本国民」として「良き伝統と我々の国家を末永く子孫に継承する」（改憲案・前文）意図があるか否かを試す踏み絵として国旗掲揚と国歌斉唱が駆使されることになるに違いない。

いま、ここでは「日章旗」という国旗や「君が代」という国歌そのものが、国民主権の下でいかなる意味をもつのかを詳述することはできないが、ひとつの歌を記しておきたい。

にほんのひのまる　なだてあかい
かえらぬ　おらがむすこの　ちであがい

これは農民詩人で山形県の遺族会会長も務めた木村迪夫《みちお》氏の詩集『わが八月十五日』(たいまつ社、1978年)に、二人の息子の命を戦争で奪われた祖母が遺した歌として記録されているものである。私自身も祖父を日本軍に殺されたという中国人留学生が、「日章旗の赤が血の色に見えてたまらない」と絞り出すように呟いた言葉を忘れることはできない。「日章旗」や「君が代」が国内外でいかなる役割を果たし、今なおどのように見られているのかという問題は、自民党改憲草案を検討していくにあたっては重要な判断基準のひとつとなる。

●復権する教育勅語と「家族国家」観

さて、塚本幼稚園で毎朝暗誦されていることで問題となった教育勅語についても、2017年3月31日、安倍晋三内閣は「憲法や教育基本法等に反しないような形で教材として用いることまでは否定されることではない」との答弁書を閣議決定した。この問題もまた自民党改憲草案のゆくえと密接な関係をもっている。

塚本幼稚園で教育勅語を幼稚園児が暗誦することについては、安倍総理夫人だけでなく、講演や参観に訪れた国会議員や地方議会議員の多くが涙を流さんばかりに感動したといった讃辞を呈していた。そして、稲田朋美・防衛大臣も持論として、「日本は道義国家を目指すべきという精神は、取り戻すべきだと考えている」立場から教育勅語を重視すべきことを国会答弁で繰り返していた。

その理由として挙げられているのは教育勅語に掲げられている「兄弟に友に、夫婦相和し」などの徳目が現代社会でも通じるというものである。そして、この論理は自民党改憲草案の前文「和を尊び、家族や社会全体が互いに助け合って国家を形成する。」という箇所や第二四条「家族は、社会の自然かつ基礎的な単位として、尊重される。家族は、互いに助け合わなければならない。」とも重なるものである。この家族条項について、Q＆Aでは「家族は、社会の極めて重要な存在ですが、昨今、家族の絆が薄くなってきていると言われています。こうしたことに鑑みて24条1項に家族の規定を新設し」たと説明されている。

この家族条項の新設は、これまで民法第七三〇条において「直系血族及び同居の親族は、互いに扶《たす》け合わなければならない」と定められていたものを、憲法上の義務規定として新たに課すことになったものである。「家族の絆が薄くなってきている」という認識が、どのような事態を指し、この規定を設けることによって何が変わるのかについての詳細な説明はないため、その内実は漠然としている。しかし、それが自民党改憲草案全体の基調としての新自由主義政策に沿って、家族相互の扶助、とりわけ子に対して親への孝行と扶養さらには介護を義務づけ、それによって第二五条に定められているような「すべて国民は、健康で文化的な最低限度の生活を営む権利を有する」ことを保障する責務から国が免れることに帰結することになる。そのことは、当該箇所についてのQ＆Aでも、「家族や社会が助け合って国家を形成する自助、共助の精神をうたいました」と説明されており、巧みに「公助」が省かれていることからも推測される。

このように教育勅語を復活させて教材として使用させることは、改憲草案の実現に向けて「露払い」としての効用をもつことになる。なぜなら明治憲法体制においては、明治憲法と教育勅語が両輪となって、合法性（Legalität）と倫理性（Moralität）を臣民に要請する構造になっていたからである。

しかしながら、明治憲法と教育勅語との双方の起草に係わった井上毅《いのうえこわし》は、天皇主権の強化を重視しながらも君主などの権力者が国民の内面に干渉することについては抑制的でなければならないと考えていた。井上毅にとって個人としての国民の思想・信条の自由を保障し、政教分離の原則に従うことは近代国家として不可欠な要請だったからである。そのため井上が1870年代にまず岩倉具視らに説いたのが、「和を以て尊し」とするような一七条憲法などは、同じ憲法という名前をもっていても日本が近代国家として制定することになる憲法とは全く異質のものであるという原理を理解しなければならないということであった。[*2] その史実に鑑みるとき、自民党改憲草案が前文で「和を尊び」と記し、Q＆Aで「党内議論の中で『和の精神は、聖徳太子以来の我が国の徳性である。』という意見があり、ここに『和を尊び』という文言を入れました。」と得々と披瀝している憲法観が、150年近い前の政治家・官僚の理解にも及んでいないのではないかという危惧を禁じ得ないのである。この点は、「美しい日本の憲法をつくる国民の会」の共同代表である櫻井よしこ氏が、

「聖徳太子の十七条憲法や明治天皇の五箇条の御誓文の基調をなしているのは、長い歴史の中で育んできた穏やかな文明観であります。……それが現行憲法には全く反映されていません。」（2015年11月「今こそ憲法改正を！　1万人大会」での挨拶）といった主張とも通底している。

少なくとも、明治憲法の起草者たちにとって憲法成文に臣民の内心にかかわる宗教や道徳を直接に強制するような規定を置くことは、近代立憲主義の原則からみて避けなければならないことであるとの理解は共有されていた。それゆえに、井上毅は教育勅語を出すことに反対し、それが容れられなかったために教育勅語を大臣の副署のない、主権者である天皇が臣民たる国民に個人的に「語りかける」という形式である「お言葉」＝「勅語」という形式をもって出す方式を採ったのである。だが、いったん天皇から臣民に対して「渙発《かんぱつ》」された「お言葉」は、御真影とともに奉安殿に安置され、信奉することが強制されることとなった。親孝行など臣民が守るべき徳目は、それぞれが全て、「万一危急の大事が起こったならば、大義に基づいて勇気をふるい一身をささげて皇室国家のためにつくせ」（旧文部省による通釈）ということに収斂する構成になっていることに今一度注意を払っておく必要がある。それはまた自民党改憲草案の「日本国民は、国と郷土を誇りと気概を持って自ら守り」という前文、そして第九条の三「国は、主権と独立を守るため、国民と協力して、領土、領海及び領空を保全し、その資源を確保しなければならない。」という国民にも領土等の保全義務を課すことと一体となっているのである。何よりも、教育勅語は天皇を宗家とし、臣民をその赤子《せきし》とする「家族国家」観に基づくものであったが、自民党改憲草案における天皇と家族の位置づけは、この国家観に基づくものでもある。

こうした教育勅語が、国民が臣民から主権者へと変わった日本国憲法の下で、1948年に憲法や教育基本法に適合しないものとして、衆議院で排除、参議院で失効の決議が出されたのは当然のことであった。それに対して、安倍内閣では「憲法や教育基本法等に反しないような形で教材として用いる」ことを閣議決定したのである。言うまでもなく、憲法第四一条では「国会は、国権の最高機関」(自民党改憲草案でも訂正はない)と規定されている。その国権の最高機関が排除と失効を決議したものを、国会の審議にかけることなく、一内閣が閣議決定によって覆したのである。

2 「立憲独裁」国家への転換

こうした国会軽視ひいては主権者無視の施策には、自民党改憲草案がめざす国民と国家のあり方が姿を現してきてはいないだろうか。

すなわち、自民党憲法改正推進本部のメンバーである西田昌司・参議院議員が「主権は国民にはない」と断言したように、自民党改憲草案では国民主権という原則に変更はないと主張はしているものの、政治的決定の主体であるべき国民が、行政権力が下した政治的決定に従うだけの臣民国家へと転じていく内実となっているのである。さらに、国権の最高機関を国会ではなく内閣とする権力配置は、立法国家から行政国家への移行を意味するだけでなく、自民党改憲草案が実現すれば内閣総理大臣に権限が集中する体制に帰結することにも注意を払う必要がある。前文についてのQ＆Aでは「主権在民の下、三権分立に基づいて統治されることをうたいました。」と説かれているが、実質的には三権分立どころか内閣総理大臣への三権集中がめざされていることに注意を喚起しておきたい。

ただ、自民党改憲草案における権力配置の方式は、一見しただけでは紛らわしい構成となっているため、丁寧にみていく必要がある。それは、自民党改憲草案の第一条で天皇を「日本国の元首」であるとする規定が新設されるためである。Q＆Aでは、その理由が「元首とは、英語ではHead of Stateであり、国の第一人者を意味します。明治憲法には、天皇が元首であるとの規定が存在していました。また、外交儀礼上でも、天皇は元首として扱われています。したがって、我が国において、天皇が元首であることは紛れもない事実」であることから、「自民党内の議論では、元首として規定することの賛成論が大多数でした。」と説明されている。

しかし、「明治憲法には、天皇が元首であるとの規定が存在して」いたことが、「したがって」という正当化の論理に短絡的に直結するものであろうか。なぜなら、大日本帝国憲法（以下、明治憲法と略す）の第四条では「天皇は国の元首にして統治権を総攬」することとなっており、元首であることとは統治権を総攬する唯一の主権者であることと同義であるとされていたからである。この規定が、

「天皇は、日本国の象徴であり日本国民統合の象徴であって、この地位は、主権の存する日本国民の総意に基く」という日本国憲法の第一条と相容れないことは言うまでもない。すなわち、明治憲法における「元首」は天皇主権ということを規定したものであり、日本国憲法第一条で主権者たる国民の総意として象徴たる地位を天皇に与えられるという国民主権の規定とは両立しえないのである。

さらに、そもそも「元首」という概念自体についても、明治憲法の起草過程において井上毅が「元首とは学理上の語にして、憲法成文に必要ならず」(「逐条意見」)として憲法成文に入れることに反対していたのである。これに対し、自民党改憲草案では「天皇は、日本国の元首であり、日本国及び日本国民統合の象徴であって、その地位は、主権の存する日本国民の総意に基づく」として、天皇を「元首」であり、「象徴」であるという二重の位置づけを与えている。さらに前文では、「日本国は、長い歴史と固有の文化を持ち、国民統合の象徴である天皇を戴く国家」であるという定義がなされている。「天皇を戴く」のは、国民以外にないはずであるから、主権者たる国民はその上位に国民とは異なる存在を「戴く」ことになるが、その場合の天皇は主権者以上の存在ということに論理的になる。逆にいえば、国民は主権者ではなく、「元首」の下にある臣民という位置づけを与えられることになる。

このように自民党改憲草案における天皇の位置づけは、錯綜したものとなっており、国民主権を謳いながらも、実質的に国民主権の意義を希薄化させ、天皇という特異な地位を「元首」であり「象徴」として「戴く」という国制を採る構成になっている。いずれにしても、「明治憲法には、天皇が元首であるとの規定が存在していた」ことが元首という規定を設ける正統性根拠とされている以上、自民党改憲草案が明治憲法体制への回帰と評されるのも故なきことではない。また、明治憲法にノスタルジーを抱き、そのことに憲法改正の意義を認めている論者がいることも事実である。例えば、渡部昇一氏は2016年5月3日、東京・永田町の憲政記念館で開催された「新しい憲法を制定する推進大会」で「いまの憲法の足りないところを変えるようでは、ごまかしが残る。私は明治憲法にかえるべきだと思う」として、丸ごと明治憲法にかえるべきことを力説して拍手を浴びたと報道されている。もちろん、丸ごと明治憲法にかえることが実現可能だとは誰も考えてはいないとしても、その最大の軸として「元首」という規定を復活することが重視されているのである。

他方、もう一つの理由として挙げられていた「外交儀礼上の行為をおこなう」にあたっても「元首」という名称が不可欠なわけでもない。日本国憲法の下にあっても第七条に規定された国事行為として外交儀礼上の行為がおこなわれており、この点で自民党改憲草案第六条も実質的に違いはない。そして、外交儀礼上の行為を含め、天皇の国事行為に関するすべての行為には、「内閣の助言と承認」（日本国憲法第七条）・「内閣の進言」（自民党改憲草案第六条）が必要とされている点でも変わりはない。なお、「助言と承認」が「進言」と改められたのはQ&Aによれば、「天皇の行為に対して『承認』とは礼を失する」ことを慮ったとされている。また、自民党改憲草案では第六条五項で日本国憲法になかった「天皇の公的行為」が付加されている。これはQ&Aによれば、「現に、国会の開会式で『おことば』を述べること、国や地方自治体が主催する式典に出席することなど、天皇の行為には公的な性格を持つものがあります。」と説明されているが、真の狙いは「一部の政党は、国事行為以外の天皇の行為は違憲であると主張し、天皇の御臨席を仰いで行われる国会の開会式にいまだに出席していません。天皇の公的行為を憲法上明確に規定することにより、こうした議論を結着させる」にあることも明示されている。

●国会召集権の恣意的運用

言うまでもないが、国会開会式における天皇の「おことば」は、明治憲法第五条において「天皇は帝国議会の協賛を以て立法権を行ふ」という規定の下で、天皇が議会の主宰者であった時代の慣例を引き継いだものであり、日本国憲法の下で1952年の第一五回国会まで「勅語」と称されたものであった。日本国憲法でも「国会の召集」は天皇の国事行為とされているが、議会が「国権の最高機関」と規定されていることを勘案すれば、敢えて「国会の召集」を天皇の国事行為とし、「おことば」を天皇の公的行為として規定しなければならない必然性があるとも考えられないが、自民党改憲草案によって「こうした議論を結着させること」になるというのである。しかし、「国会の常会（通常国会）は、毎年一回これを召集する」、また衆議院議員の総選挙後30日以内に特別国会を召集しなければならないという規定は日本国憲法でも自民党改憲草案でも同じであり、それに従う限り、天皇が特に召集しなければならない必要性はないはずである。

他方、臨時国会の召集について日本国憲法第五三条では「内閣は、国会の臨時会の召集を決定することができる。いづれかの議院の総議員の四分の一以上の要求があれば、内閣は、その召集を決定しなければならない。」と規定されている。これに対し、自民党改憲草案の第五三条では「内閣は、臨時国会の召集を決定することができる。いずれかの議院の総議員の四分の一以上の要求があったときは、要求があった日から二十日以内に臨時国会が召集されなければならない。」と20日以内という日限まで明記する変更がおこなわれている。この変更だけをみれば、自民党改憲草案は国会を日本国憲法よりも重視するように解釈される。しかし、実態はどうであろうか。こうした改憲草案を発表していたにもかかわらず、２０１５年10月に衆議院議員１２５名が連名で衆議院議長宛に臨時国会の召集を要求したことに対し、安倍内閣は首相の外遊を理由として臨時国会を召集しなかったことも忘れてはならない事実である。現行の日本国憲法の規定においても明らかな違憲行為を押し切った自民党の内閣が、果たして自らが提案した改憲草案を実行する意思があるのかどうかは甚だ疑わしいと言わざるをえない。さらに、教育勅語にも有意義な箇所があるというのなら、先ずは「常に国憲を重《おもん》じ国法に遵《したが》」うという遵法精神を率先して示すべきであろう。憲法にしろ、教育勅語にしろ、自分の都合の良い箇所だけを強調して不都合な箇所は頬かむりして無視するという態度で、国民にだけ法令に従えと説くのは天に唾する行為というしかない。

3　国権の最高機関としての総理大臣

そこで問題となるのは、このように天皇を「元首」と規定することによって国家権力の構成がいかに変化するかということになる。その最も重要な変更と思われるのは自民党改憲草案第六条四項で新設される但し書き、「ただし、衆議院の解散については、内閣総理大臣の進言による。」という規定である。すなわち、国事行為一般について「進言し、責任を負う」のは「内閣」であるのに対して、衆議院の解散だけは内閣総理大臣が進言すると特記されているが、この規定は自民党改憲草案の第五四条一項として新設される「衆議院の解散は、内閣総理大臣が決定する。」に対応したものである。

なぜ、このような変更が必要なのであろうか。それは日本国憲法でも解散権の根拠が第七条にあるのか、第六九条にあるのかについて議論があったからである。正確にいえば、日本国憲法では衆議院の解散権の主体が明確ではなく、そのため解散権は内閣総理大臣の専権事項であるといった誤解が一般に流布してしまっているという問題がある。

確かに、日本国憲法第七条三号には天皇の国事行為の一つとして「衆議院を解散すること」が挙げられている。そして、天皇の国事行為は「内閣の助言と承認」によっておこなわれるため、実質的に内閣が解散を決定することになる。もちろん、解散の閣議決定は全閣僚の一致が前提となるが、内閣総理大臣は反対する閣僚を罷免できるため、最終的な決定権は内閣総理大臣に帰することになる。実際、2005年の郵政解散に際しては小泉純一郎首相が解散閣議で反対した島村宜伸農相を罷免して自らが農相を兼務して解散を決定した。

他方、憲法第六九条では「内閣は、衆議院で不信任の決議案を可決し、又は信任の決議案を否決したときは、十日以内に衆議院が解散されない限り、総辞職をしなければならない。」と規定されているが、ここでも「衆議院が解散されない限り」とは規定されているものの、どの機関が衆議院の解散を決定できるのかは必ずしも明確ではない。そのため、この条文を根拠にして内閣が衆議院で内閣不信任案を決議されるか、または信任案を否決された場合には、その内閣は衆議院を解散させるか、総辞職をするかの二者択一を迫られることになると考えられてきた。すなわち、内閣が総辞職しないのであれば、その内閣は衆議院を解散させることができると解釈されてきたが、これらの条項以外に解散権について明確な根拠となるような条文はないため、結果的に解散権を内閣総理大臣の専権とするような誤解が流布してしまったのである。国権の最高機関であり、しかも両院のうちでも優越権をもつ衆議院の解散という非常に重要な事柄について憲法上明確な規定がないのは問題であったことは確認しておかなければならない。

しかし、そのことと自民党改憲草案第五四条一項のように規定していいのかという問題とは次元の異なる問題である。まず考えなければならないことは、自民党改憲草案のように第六九条をそのまま残しながら、信任・不信任の決議案の採否とは無関係に「衆議院の解散は、内閣総理大臣が決定する。」とすることは、衆議院議員の死命を制する権限を内閣総理大臣だけに与えることになる。しかも、その決定について何らの条件も付されていないことから、フリーハンドで自分の都合の良い時に解散権が行使できるため、国会審議に対する規制力としても機能する。内閣総理大臣は解散権を、あたかも難局打開のための安易な解決を図るためのデウス・エクス・マキナ（deus ex machina）のように使うことができることになるのである。そして、当然のごとくに内閣総理大臣は自らの党派が選挙に勝利できる時にしか解散権を行使しない。衆議院解散は、重要な政治的争点をめぐって国民の意見を聞く選挙をおこなうために実施されるべきであるが、自民党改憲草案によれば内閣総理大臣ひとりが自由に専権的に衆議院の解散を決定できることになる。

●議会解散権をめぐる世界的動向

こうした権限が内閣総理大臣ひとりに与えられれば、解散風を吹かせることで与党内部の自らへの従属を強めるとともに、野党に対しては脅しをかけることができる。解散権は政権の強化と延命にとって、無上の権力として作用することは必至である。これは果たして、国会における熟議を保障することになるであろうか。既に日本では衆議院の解散権は、内閣総理大臣の「伝家の宝刀」であるかのようにメディアでも報道されて当然視されてきている。

しかしながら、日本でしばしば誤解されているように議院内閣制においては、行政権に自由な議会解散権が与えられているわけではない。議会における解散制度があるイギリス、イタリア、カナダ、ドイツ、フランスなどについて、その制度と実例を見てみると解散の要件の違いはあるものの、内閣が自由に解散を行うことは一般的とはされていないのである。

ドイツ基本法では「議院内閣制の合理化」を図る一環として、解散権の行使要件は厳格に制限され、①首相が任命されない場合、②首相が下院で信任を得られず、後任の首相も選出されない場合にのみ解散ができるという厳格な規定となっている。さらに日本だけでなく議院内閣制の模範（ウェストミンスター・モデル）とも呼ばれてきたイギリスでも、2011年9月に議会期間固定法（The Fixed-term Parliament Act 2011）が制定されて解散に関する国王大権は廃止され、次の選挙期日を定めるとともに、その後の総選挙は直近の選挙から5年目に実施することが原則となった。[*3] 議院内閣制であれば、内閣や内閣総理大臣に解散権が当然にあるといった主張は、世界的にみても容認されなくなっているのである。その意味で自民党改憲草案の規定は時代に逆行するものであることは否めない。

もちろん、議院内閣制においては、重要な政治的争点をめぐっては民意を可能な限り反映させるために選挙が適切な時機におこなわれる必要がある。しかし、現在の日本の小選挙区制では、獲得投票が25％前後で議席占有率が70数％を占めるという民意反映の方法そのものに歪みを生じている。また、小選挙区制や政党助成金制度の導入によって、政党執行部が候補者に与える公認権や政治資金配分権を占有して、ロバート・ミヘルスが指摘したような「寡頭支配の鉄則」が支配するに至っている。内閣総理大臣への権限集中は、この選挙制度と政党助成金制度によってさらに増幅されてきているのである。

4　立憲独裁による「臣民国家」への道

さらに、自民党改憲草案における内閣総理大臣への権限集中という志向性は、衆議院解散権にとどまらない。国防軍の新設に伴って自民党改憲草案の第九条の二で「内閣総理大臣を最高指揮官とする国防軍を保持する。」として、軍事における最高指揮権としても位置づけられる（同じ内容が、第七二条三項に「内閣総理大臣は、最高指揮官として、国防軍を統括する。」と規定されている）。この点、現在の自衛隊法では指揮監督権については「内閣総理大臣は、内閣を代表して自衛隊の最高の指揮監督権を有する。」（第七条）として「内閣を代表する」資格において指揮監督権をもつことになっている。これに対し、自民党改憲草案での国防軍指揮権は内閣総理大臣の専権事項と限定されることになる。安倍首相が自衛隊を指して「わが軍」と呼んだ事態は、まさに自民党改憲草案によって実現するのである。

そして、この国防軍の最高指揮権と不可分の形で新設されるのが、「緊急事態の宣言を発することができる。」という自民党改憲草案第九八条一項の規定である。ここには「特に必要があると認めるときは、法律の定めるところにより、閣議にかけて」という限定が付されてはいるが、内閣総理大臣が「特に必要があると認め」なければ法律で細かな条件を決める必要もないのである。しかし、内閣総理大臣も緊急事態宣言を独断で決めることはできないであろうから、現実性があるのは現在の国家安全保障会議のように内閣総理大臣・官房長官・外務大臣・防衛大臣で構成される「四大臣会合」で実質的に決定し、それを閣議で追認させるという方式である。

以上のように、自民党改憲草案において顕著に現れているのは、第九九条に規定されているように「内閣は法律と同一の効力を有する政令を制定することができるほか、内閣総理大臣は財政上必要な支出その他の処分を行」うことができるなど、国権の最高機関であるはずの国会の権限を最小化し、内閣総理大臣への権限集中によって政策決定・遂行ができるという国制への編成替えである。

これは、もちろん突如として現れた事態ではなく、1990年代以降の新自由主義政策と表裏一体をなすものである。新自由主義政策においては、社会保障や教育・研究への財政分配を削減し、規制緩和や法人税優遇などに財政を傾斜的に投入することを要求する。そうした「弱者切り捨て」や「格差拡大」につながる政策は多くの国民の要求とは相容れないため、民意を反映しなければならない国会による介入を可能な限り制約することによって、大企業を中心とする財界の意向を反映した政策決定をスピーディに決定できることになる。そして、小泉純一郎内閣以来、経済団体の代表者や新自由主義政策を唱導するエコノミストからなる経済諮問会議や教育再生会議などを通して予算編成や金融政策、そして教育などの「構造改革」が推進されてきたのである。それは「官邸主導」ではあるが、流動的な民意に惑わされることのない「決める政治」、「決定できる民主主義」として自己正当化を図ることができたし、全世代に広がる貧困についても「自己責任」に転嫁することによって政治的責任を問われることもなかった。先に検討したように「家族と社会の助け合い」を自民党改憲草案が強調するのも、家父長制の「家族国家」が良かったというノスタルジーという以上に、扶養や介護さらには貧困救済などの社会保障を「自助・共助」として家族やコミュニティに転嫁しようとする新自由主義政策の要求に合致しているのである。

●三権分立から四権専掌へ

このような「官邸主導」に向けた動きは、第二次安倍内閣において多方面で進んできた。安全保障法制を通過させるために、内閣法制局長官に慣例を破って自己の意見に従う外交官出身者を任用しただけではない。機構としても２０１４年5月に内閣人事局が発足し、それまで各省で決定していた人事のうち、部長・審議官級以上の幹部職約６００人の人事を内閣で決定する方式が採られることになった。これによって各省庁の幹部職員は、自らの昇進という最大関心事を勘案するかぎり、首相や官邸の意向を「忖度」あるいは先取りして行動せざるをえなくなる。こうして官邸は、各省庁の人事権限を掌握することによって自らの意向を明示しなくともトップダウンで上意下達することができることとなった。行政府に対する官邸主導は、こうして貫徹する。また、「内閣総理大臣は、任意に国務大臣を罷免することができる。」(日本国憲法・自民党改憲草案ともに第六八条二項)ことから、大臣となることを至上目的とする国会議員は内閣総理大臣に面従腹背ではあれ、従うしかない。

行政府だけではない。内閣の指名によって天皇が任命することになっている最高裁判所長官をはじめ、それ以外のすべての裁判官の任命権を内閣が掌握していることによって、直接的には指示はできないとしても、沖縄の基地問題をめぐる訴訟に明らかなように司法府も内閣の意向を判決に反映させている。森友問題でも明らかになったように国家機関が内閣や内閣総理大臣の意向を「忖度」して決定し、その根拠となる資料は消却されるという国制になっている。そこでは公務員は主権者たる国民に説明責任を負っているという意識はない。

こうした実態を基盤として、自民党改憲草案が実現すればどうなるのかは、明らかなように思料される。すなわち、三権分立の国制から、行政・司法・立法・軍事の四つの権力を内閣総理大臣が専権的に掌握する国制へと転化するのである。それは「ガバナンスの強化」という新自由主義につきもののマジックワードを実現することでもある。しかし、企業におけるCEOの「ガバナンスの強化」は、株主総会という最終チェック機関をもっているために多少なりとも暴走を防ぐことができる。しかしながら、自民党改憲草案が実現した場合、ブレーキのないアクセルだけの国制と転じていくのではないだろうか。国家機構の設計にあたっては、いかにチェック・アンド・バランスを円滑におこなうかについての点検が必須の作業となるが、自民党改憲草案にはそこで発生するかもしれないリスクに対するチェック制度に決定的な欠落があることは明らかである。

　もちろん、内閣総理大臣への権限集中がいかに進んだとしても議院内閣制を採っている以上、選挙という洗礼を受けるため歯止めが否応なくかかるということもできるかもしれない。しかし、その選挙制度が民意を歪んで反映するシステムとなっているとき、選挙もまたチェック機能を果たさなくなる。とは言え、選挙が実施される限りで、自民党改憲草案がめざす国制も立憲主義と言えなくはない。だが、それは立憲主義を装った首相独裁制に他ならず、国民はその独裁者に臣従するだけの臣民となることを余儀なくされるであろう。そこでの国政運営は、「成功か崩壊か《サクシード・オア・ペリッシュド》」という賭け事に類似したものとなる。

　そうして現れる国民と国家のあり方は、「臣民国家」と「立憲独裁」に他ならないのである。それに自分たちと次代の人々が身を委ねるかどうか、その選択を今、迫られている。

＊1　本章では「ナショナリズム」が、いかに変化するのかを問うことが課題とされている。しかし、「ナショナリズム」という概念は、国民主義・民族主義などと訳されるとともに国家主義とも訳されるように、対象を人間に置くのか、国制に置くのかによって大きく内容が変わる多義的な概念であり、人によって全く異なった意義を込めて使われている。そのため本来は、国民国家（nation state）の構成要素である二つの側面としての国民と国家に即して、国民としての心性に

係わるナショナリズムと国家としての態様に係わるスタティズム（statismこれはエタティズムetatismとも表現される）に分けて考える必要がある。しかし、本章では厳密な概念規定を避けて、自民党改憲草案の下における総体としての「国民」と「国家」のあり方を考える一つの指標として「ナショナリズム」という概念を使用することを御諒解戴きたい。

＊2　井上毅の国民国家形成に関するナショナリティに係わる「国学知」と憲法体制の問題については、拙著『アジアの思想史脈——空間思想学の試み』（人文書院、２０１７年）を参照戴きたい。

＊3　イギリスの議会期間固定法でも任期満了によらない下院の総選挙がおこなわれるが、その条件は、①下院の定数（欠員を含む）の三分の二以上の賛成による自主解散議決があった場合、②下院による政権の不信任決議案の可決後14日を経過しない期間内に現政権を改めて信任し若しくは新政権を新たに信任する決議案が可決されなかった場合、に限られる。

自民党改憲案の「歴史的意義」について

内田　樹

自民党の改憲草案がどういう政体を理想的なものとして目指しているのかという問いに答えることはむずかしい。草案起草時点では自民党は野党であり、改憲は遠い彼方の夢想だったからである。だから、草案には起草委員たちの願望が（実現可能性を無視して）そのまま流れ込んでおり、「本音」が生々しく露出している。一言で言えば、それは「グローバル資本主義への最適化」と「滅私奉公的な復古的国家観」という本来であれば氷炭相容れざる政治目標が同居しているという不気味さにある。

グローバル資本主義という「新しい」経済システムと、国民国家という「古い」政治システムは食い合わせが悪い。グローバル資本主義は資本・商品・情報・人間が国境を越えて、超高速で行き来できる状態を理想とする。国民国家はそれとは逆に人種的・宗教的・文化的に均質な国民たちが固有の言語、通貨、法制度、価値観にしがみつく「相往来せず」を理想とする。向いている方向が正反対である。だが、自民党改憲草案ではそれが同居している。なぜそのようなことが可能なのか。以下その理路を示したい。

グローバル資本主義のプレイヤーはボーダーレスな活動体であり、自己利益を最大化するチャンスを求めて移動する。得物を追う肉食獣のように、営巣地を変え、狩り場を変える。彼らを特徴づけるのは高い機動性である。戦争が始まっても、機動性の高い個体は自家用ジェットで逃げ出せる。国民国家が瓦解しても、中央銀行が破綻しても、海外の銀行口座に個人資産を回避し、海外に不動産があり、ビジネスネットワークがある人間はさしたる金銭上の損害を被らない。

機動性の低い人間とはその逆に「その土地から離れることができない人間」のことである。自国語しか話せず、近場で商売し、故地から切離されたら枯死しそうな気になる人間のことである。

今は世界のどの国でも、機動性の高い個体群が支配層を占めている。彼らに権力も財貨も文化資本も集中している。だが、まことに不思議なのは、「機動性の高い人間たちが権力や財貨や情報や文化資本を独占するのは当然のことである」という信憑が機動性の低い人間たちにも広く共有されていることである。機動性ランキングの上位者が資源を独占できるのは自己努力の成果を享受しているからであり、ランキング下位者が無力で貧しいのは機動性を高める努力を怠ったことの帰結であり、自己責任であるという考え方に、当の格付け下位者自身が全力で同意しているのである。

今は「国が滅びても困らない人間たち」が国政を任されている。いわば、船に乗り合わせた人々が、誰に船の舵取りを任せるか問われたときに「船が沈むときに自分だけは上空に手配しておいたヘリコプターで脱出できるようなスマートな人間にこそ舵取りを委ねるべきだ」と口々に主張しているのに似ている。現に、さきの米大統領選でドナルド・トランプは「連邦税を払っていない」という批判に対して、アメリカ市民の誰もが納税額を最少化しようと努力しており、それを達成できたのは自分が賢いからであると答えて、支持者を狂喜させた。税金を払わずにいるほどスマートな人間にこそ税金の使い道を委ねるべきだという判断を「倒錯」と感じないくらいに現代人は倒錯しているということである。

私たちは今「最も利己的な人間が勝つ」というルールでゲームをしている。そのルールにビジネスマンは慣れ切っているから、反対してもしかたがない。地元に雇用を創出し、地域経済を潤し、祖国の国庫に税金を納めることに達成感を感じるような「国民経済」タイプの経営者は今のビジネスワールドでは生き残れない。上場企業なら、そんなことをすれば外国人株主から「背任」で訴えられるだろう。

加えてメディアがこの「機動性問題」にまったく関心がない。というのは、ジャーナリズムというのは「機動性が高い」という能力に例外的に高い評価が与えられる業界だからである。特ダネを追って世界を飛び回り、複数の外国語を操り、各国に扶植したコネクションを通じて活動するジャーナリストは「できるやつ」であり、日本語しか使えず、日本から出るとおろおろするような記者は誰からも相手にされない。だから、機動性の多寡で国民が分断されているという事実は「できるジャーナリスト」の意識には決して前景化されない。

知識人たちも同様である。海外の大学で学位を取り、海外の研究機関で実績を積み、複数の外国語を操り、各国の同業者たちとコラボレーションできる「グローバル知識人」は、日本から出ず、日本語でしか論文が書けず、海外にネットワークを持たない「ローカル知識人」より高い格付けを得るべきだということには、当の「ローカル知識人」を含めて誰も反論しない。

要するに、機動性の多寡による格付けに対しては理論的にも実践的にも現代社会では反論不能なのである。で、改憲の話に戻る。

現在の自民党は55年体制時代の自民党と全くの別の政治組織である。かつての自民党は「国民国家内部的」な政党であり、同胞たちを「どうやって食わせるか」というリアルな課題にそれなりに愚直に取り組んでいた。池田内閣で高度経済成長政策を立案した下村治はかつて「国民経済」という言葉をこう定義した。

「それは、この日本列島で生活している一億二千万人が、どうやって食べどうやって生きて行くかという問題である。この一億二千万人は日本列島で生活するという運命から逃れることはできない。そういう前提で生きている。中には外国に脱出する者があっても、それは例外的である。全員がこの四つの島で生涯を過ごす運命にある。その一億二千万人が、どうやって雇用を確保し、所得水準を上げ、生活の安定を享受するか、これが国民経済である。」（強調は内田）

今の改憲派たちはこの国民経済定義にはもはや同意しないはずである。「外国に脱出するもの」を自民党はもう「例外的」とは考えていないからである。「この四つの島で生涯を過ごす運命」を克服できないほどに機動性の低い同胞を扶養したり、保護したりすることは「日本列島でないところでも生きていける強い日本人」にとってはもはや義務としては観念されていない。この「弱い日本人」たちは「強い日本人」がさらに自由かつ効率的に活動できるように持てるものを差し出すべきなのだ。国民資源は「強い日本人」に集中しなければならない。彼らが国際競争に勝ち残れば、その「トリクルダウン」が「弱い日本人」にも多少は分配されるかも知れない（されないかも知れない）。

改憲案はこの「弱い日本人」たちがどうやって強者に奉仕するのかを細かく定めている。人権の尊重を求めず、資源分配に口出しせず、医療や教育の経費は自己負担し、社会福祉には頼らず、劣悪な雇用条件にも耐え、上位者の頤使《いし》に従い、一旦緩急あれば義勇公に奉じることを厭わないような人間、それが「弱い日本人」のあるべき姿である。安倍自民党は改憲を通じて日本国民にこの「新しいルール」を呑み込ませようとしており、それに対してメディアも知識人も有効な反論ができないでいる。それは彼ら自身が「格付けに従って強者に褒賞、弱者に処罰を与えることが社会的フェアネスである」という信憑にすでに深く呪縛されているからである。

自民党の改憲案を「復古」とみなす護憲派の人たちがいるが、それは違う。この改憲案は新しいのである。改憲のねらいは復古ではなく、全国民の機動化である。国民の政治的統合とか、国富の増大とかの古典的な国家目標はもう自民党の関心ではない。改憲の目標は「強い日本人」たちのそのつどの要請に従って即時に自在に改変できるような「可塑的で流動的な国家システム」の構築なのである。国家システムを「天壌無窮」的に硬直化することをめざした右翼はかつて存在したが、国家システムを「機動化する」、「ゲル化する」、「不定形化する」ことをめざした極右の政治運動は政治史上に前例がない。改憲案の起草者たちは、それと気づかぬままに、政治史上画期的な文言を書き連ねていたのである。

紙数が尽きたので、改憲案の個別的な条項については一つだけを論じるに止める。二二条である。

「（居住、移転及び職業選択等の自由等）何人も、居住、移転及び職業選択の自由を有する」。これが改憲案である。どこが独自なのかは一読しただけではわからない。でも、現行憲法と比べると重大な変更があることがわかる。現行憲法はこうだ。

「何人も、公共の福祉に反しない限り、居住、移転及び職業選択の自由を有する。」

「表現の自由」を定めた二一条と比べると、この改定の「異常さ」がわかる。二一条、現行憲法ではこうだ。

「集会、結社及び言論、出版その他一切の表現の自由は、これを保障する。」

改憲案はこれに条件を追加した。

「前項の規定にかかわらず、公益及び公の秩序を害することを目的とした活動を行い、並びにそれを目的として結社をすることは、認められない。」

二一条に限らず、「公益及び公の秩序」を保全するためには私権は制約されるべきだというのは自民党改憲案の全体を貫流する基本原則である。それがなぜか二二条だけには適用されていない。適用されていないどころかもともとあった「公共の福祉に反しない限り」という制約条件が解除されているのである。「居住、移転及び職業選択の自由」が「公益及び公の秩序」と違背することがありえないという信憑が起草委員たちにあまりに深く内面化していたので彼らはほとんど無意識的にこの文言を書き換えたのである。国内外を転々とし、めまぐるしく職業を変えて、自己利益を追求することは超法規的によいことであり、それは「公共の福祉」に原理的に優先するという予断を起草委員たちはそれと知らずに共有していたのである。この一点に改憲案のイデオロギーははしなくも露呈していると私は思う。

機動性の高い個体はその自己利益追求行動において国民国家からいかなる制約も受けるべきではない。これらの機動性の高い個体に国民資源を排他的に分配することで国民国家の国益は最大化する。この二つの背反する命題を結合させることによって、グローバル資本主義と全体主義の弁証法的統一を実現させたことを以て私は「自民党改憲案の歴史的意義」と見なすのである。

第2章

戦争

どこが戦場になるのか

京都大学
藤原辰史

1　はじめに

この文章は、自民党改憲草案が実際に憲法になったとき、どのように戦争を引き起こし、どのように戦争を遂行するのかについてのシミュレーションの結果である。コンピューターによる演算には一切頼らない。そのかわりに、フリーズが多く、ＯＳももはや更新不可能で、メモリーも不安定、ＣＰＵも鉄屑同然の１９７６年日本製脳みそを使用する。処理スピードも遅く低性能でデザインも甚だ悪いが、これまでの第一次世界大戦・第二次世界大戦に関する資料および文献で読み込んだトリヴィアルな知識、さらに、趣味と実益を兼ねて読むサイエンスフィクションの小説や戦争映画で学んだ妄想力に全面的に依拠し、どういうことがあり得るのかについて、できるだけ冷静になって析出したものである。コンピューターによる演算しか信用できないという方は、期待に沿うことはできないので、別の書籍または論文を当たっていただきたい。

前提としてまず三点ほど述べておきたい。

第一に、巨大な空母、軍艦、原子力潜水艦、戦闘機、長距離ミサイル、迎撃ミサイル、核ミサイル、軍事衛星、オスプレイ、軍事用ヘリコプター、戦車、そういった道具によって構成される戦争のイメージとは別の次元の戦争もわたしたちはイメージしなくてはならない、ということである。サイバースペースの戦争はすでに実際になされているし、原子力発電所やライフラインへの攻撃については、すでに何度も指摘されている。戦争は、大規模にやってくるのではなく、こそこそと静かにやってくるので、外見は平和にみえるかもしれない、という前提は、自民党改憲草案が実際に憲法となったときのシミュレーションとしてまず押さえておかなくてはならない。また、化学兵器や生物兵器の進歩は、人間の目にみえない領域にあるだけに、最大限の注意を払うべきであろう。

第二に、自民党改憲草案が憲法となったときに、戦争に関わる項目は、憲法第九条だけではない。憲法全体が戦争に関わるということを意識しなくてはならない。戦争とは、戦場空間から生活空間まで、精神から身体まで、行政から司法まで、政治から文化まで、上半身から下半身まで、すべてを覆い尽くすものである。戦争が肉体的な傷だけをもたらすと考えるのであれば、それは思慮不足と言わざるをえない。肉体はいたって健康なのに、精神に二度と癒えることのない傷を負うこともある。自民党改憲草案を読むとき、起草者の戦争に対する認識の強烈な甘さと安っぽいロマンティシズムと三流のヒロイズムを感じずにはいられない。戦争ができる普通の国家にしたいのであれば、せめて第一次世界大戦と第二次世界大戦だけでも勉強したうえで文章を練ってほしかった。これだけ脇の甘い憲法では、戦争で傷つく人を減らすのではなく、増やす一方になる。統制はすぐにとれなくなる。あまりにも人間の善意と根性に頼りすぎている。戦争を知らない人間の起草した憲法ほど、怖いものはない。

第三に、この脇の甘さを補うかのように、人間の思考能力を停止させるようなメディアおよび学問への政治による圧力が現在激しい。このことをシミュレーションにあたって念頭においている。

言論弾圧をするのは、弾圧する側の理論が弱いことの証拠である。

2　第一段階　遠い「戦争」

　昨日までの冬の黒い雲と吹雪が一掃され、久しぶりの快晴、道路は雪掻きを終え、アイスバーンの状態。山々は白銀に染められ、針葉樹に乗った雪が太陽光に反射して輝く。Aは空気を胸いっぱいに吸って、身震いし、静かに吐き出した。放射冷却で体が凍みる。ポストに入っている新聞はいつものように株価の上下の理由を詳細に説明し、書評欄では面白そうな推理小説を紹介、スポーツ欄は全部で六面の大盛況である。部屋に戻って、薪炭ストーブにあたる。暖かい。二面の政治面では、東京の浄水場の「汚染」の「アンダーコントロール」を首相が宣言したと報じている。笑顔の首相はいつもさわやかだ。できれば、ずっとこのまま笑っていてほしい。新聞の暗い顔は朝の気分まで暗くする。子どもたちはまだすやすやと眠っている。ああ、今日もいい一日になりそうだ、子どもとかまくらでも作ろうか、とAは窓から雪景色を眺めて考える。

　桜が咲き乱れたあと、山々に若葉の緑が輝く。学校の校庭では子どもたちの元気な声が響きわたる。ジャージ姿の先生は、子どもたちにサッカーを教えている。子どもたちは、楽しそうにボールを追っかける。サッカーが終わると教室に帰り、人権教育の時間である。いじめをどうやったら予防できるか、意見をみんなで戦わす。「いじめの延長に戦争があると思います」。かつてよりも発言する子が増えた。先生は満足して、子どもの話に耳を傾ける。子どもたちの人権意識が高まることで、ついにお金の量ではなく、心の豊かさが価値判断の基準になる時代が訪れるだろう。小学生たちの発言は民主主義の訓練、政治参加の準備である。Bくんが1年前に学校を突然「転校」したことを子どもたちは忘れているかのように、人間の優しさとは何かについて真剣に考えている。

半袖シャツの胸元に汗がにじむ。夏の電車の冷房温度は従来よりも上がるようになった。政府の環境政策と健康政策が功を奏したのだ。冷えすぎて寒くて、体が冷える。こうした苦情が鉄道各社に届けられた。原子力発電所は老朽化し、石油資源の確保が難しくなるなかで、政府は公の施設や乗り物の冷房温度を法的に下げることに成功したのである。日本もついに環境立国への道のりを歩む、と新聞の社説ではドイツの環境保護史との比較に余念がない。乗客のCは、つり革の週刊誌の広告に目をやる。オリンピック招致合戦が過熱しすぎているだって、またかよ、と心のなかでつぶやく。「テロリスト図鑑」特集か、ああ、この俳優も「テロリスト」だったんだ。道理で、最近テレビに出なくなったもんな。物騒だな。ほんと、どうにかしているよ、とCは車窓から高層ビルに反射する太陽に目を細める。

窓の外では、真っ赤に燃える楓が風に吹かれている。紅葉の季節になると、みんな読書に励む。最近は、哲学ブームである。カント、ヘーゲル、ハイデガー、フーコー、ドゥルーズ、大学で哲学を勉強してなくても、哲学を読むことがおしゃれであるらしい。会話のなかで、哲学のウンチクを語ることを「フィロる」という。書店員のDはいつものように本を並べる。哲学書の売れ行きは絶好調なのだが、歴史書の売れ行きは絶不調である。「発売禁止」になった本も多い。どうも売れない。日本現代史については、今日の会議で縮小が決まった。哲学ファンのDは喜んだ。だって、これで歴史コーナーに哲学書が置けるから、とDは本の整理に余念がない。

これが、戦争である。

戦争はどこか遠い国でなされている。テレビも新聞もラジオもほとんど報道しない。ニュースでは、阪神巨人戦とワールドカップとオリンピックは必ず放映されるのに、戦争はほとんど扱われない。Eは、国防軍の一員として「後方支援」にあたっている。しかし、後方支援とは名ばかりで、前線である。戦闘を直接繰り広げるよりは、補給を断ったほうが無駄死にが少ないと判断した交戦国は、「後方」に攻撃を集中した。国防軍は応戦するも、対応はいつも後手にまわる。Eは、毎日、爆弾の破裂音のなかで死の恐怖にさらされている。

東京の浄水場は実は戦場となっている。日本が集団的自衛権を発動して、国防軍を送り込んだ国からの報復として、「戦争を支持した国民への宣戦布告」という言葉とともに首都の水道水に毒が投げ入れられたのである。内閣総理大臣が指揮する国防軍は、サイバー攻撃の対策に遅れをとっていた。その国の新鋭部隊は、サイバー攻撃によって管理システムに侵入し、やすやすと攻撃を許してしまった。武器で相手を倒すという明治的な戦略思想から抜けられない内閣総理大臣は、改憲のとき、ライフラインが電子空間を通じて攻撃されることに想像が及んでいなかった。これは致命的といえる。戦略集団的自衛権発動以来、緊急事態が宣言されているいま、その事実は伏せられ、浄水場の機械の「トラブル」による水質の「汚染」と発表された。汚染は放射性物質による汚染であり、その除去には膨大な人数の労働者が雇われ、しばらく断水が続き、給水車が東京を走り回り、全国各地から生水が届けられ、事態は収束に向かった。内閣総理大臣であり最高指揮官である首相は、「収束宣言」と「工程表」を発表し、ひとまず外見的には平穏がもたらされた。しかし、浄水場の汚染対策で働く業者は、「収束宣言」によって特別手当が削られ、賃金が急落している。「工程表」は、ただでさえ厳しい労働条件の現場作業員をさらに苦しめる。「収束宣言」は、「膨れ上がるコストの削減」と「国民に仮の安心をもたらす」役割を果たすだけで、現場の作業員に過酷な労働を強いることは、2011年の東京電力福島原子力発電所の事故で知られていることだが、歴史は繰り返す。

「共謀罪」が拡大解釈された結果、政権に反対する集会は警察の立会いのもとでなされるようになり、政権を批判したり反戦を主張したりする人間は敵国を助けるので、それだけですでに「テロリスト」と呼ばれ、逮捕されるようになった。「テロリスト」には憲法で禁止されているはずの拷問が加えられる。なぜなら「緊急事態」だからである。新憲法第九八条では、「内閣総理大臣は、我が国に対する外部からの武力攻撃、内乱等による社会秩序の混乱、地震等による大規模な自然災害その他の法律で定める緊急事態において、特に必要があると認めるときは、法律の定めるところにより、閣議にかけて、緊急事態の宣言を発することができる」とある。第九九条には「内閣は法律と同一の効力を有する政令を制定することができる」ので、「テロリスト」と疑わしき人は拘留できるという政令を制定して、かつてアメリカで吹き荒れた「マッカーシズム」をはるかにしのぐような「テロリスト狩り」の施風が日本列島を吹き荒れている。第九八条第三項により、緊急事態は100日を超えるごとに国会で何度も延長されている。事実上の独裁国家だ。だが、「独裁」はこの国には存在しない。なぜなら、新聞は「独裁制」ではなく、「緊急集中制」と呼んでいるからである。独裁制は、ヒトラーやスターリンを指し、独りよがりの政治指導体制であるが、緊急集中制平和は民主主義的であり、相談を第一とすると首相は繰り返し説明している。「集中」がキーワードだ。公の秩序を乱す者には、「戦争好きの知識人」「裏切り者」「売国奴」のレッテルが貼られていく。「平和の敵である」、と。歴史を学べば、反逆者は単に処刑されて終わりではない。権力者はその第二第三の後継者を断つために、恥辱を与えることを忘れないのである。もちろん、その前に、多くの人間は転向し、逮捕された人間を裏切り、集会の数も政権批判の記事も、めっきり減っている。おかげで、誰も政権が基本的人権を侵害しつづけていることを知らなくて済む。Bくんは、お父さんが「公益および公の秩序を害することを目的とした活動を行った」憲法違反の「テロリスト」と指定され、ある日突然逮捕されたので、親戚の住んでいる遠い町に転校した。Bくんは、転校先で友だちから避けられていると感じる。同級生の母親がその事実を調べ、子どもに「Bくんには近寄らないほうがいい。お父さんがテロリストで逮捕されたらしい」と忠告したからである。真の意味で学校も戦場になる。そして、大人が子どもを苦しめるのが戦争であるという現代戦争史の真実は、ここでも適用される。

戦争は報道されない。なぜなら、「戦争」など、この列島には存在しないからである。起こっているのは、どこかの遠い国である。「トラブル」と「汚染」と「自己」と「災害」と「テロ」という言葉は新聞を賑わせているが、戦争という文字はほとんど出てこない。大量の無人機が日本列島の内部から飛んできて、原子力発電所を攻撃したことも、多くの目撃者によってインターネット上に情報が流れたにもかかわらず、「災害」と報道された。政府は、インターネット上の情報を「デマ」と断定し、その発信元を携帯会社に問い、突き詰め、逮捕した。どれくらいの放射能が漏れたのか、完全に秘匿され、官房長官はすぐに「ただちに健康に被害を及ぼすものではありません」とコメントした。日本国憲法第九四条にあった地方自治の「財産を管理」する権能と「行政を執行する権能」を新憲法第九五条によって否定されたわけだから、国家行政によって地方の不満が抑え込まれても、憲法違反にはならない。官房長官の発言さえも、新聞は小さな扱いでしか報道できない。「緊急事態」であるから。別の言い方をすれば、緊急事態が常態化したから。皮肉なことに、反戦運動家たちの願いはついに実現されたのだ。「戦争」という言葉は、ついに新聞から抹消された。武器も持っていないのに「テロリスト」を名指しして、逮捕を繰り返す政権を、民衆はほとんど見て見ぬ振りをした。なぜなら、「テロリスト」を助けようものなら、自分の身に危険が及ぶからだ。それよりは、自分の家族の幸せを考える。Cは、毎日、通勤電車で中吊り広告を読むが、戦前から変わった印象をまったく抱いていていない。

2013年に公布された特定秘密保護法の適用により、研究者たちは、戦争開戦の経緯を調べることができない。そもそも、公文書館や行政官庁が秘密保護法を盾に資料を出し渋るようになり、情報公開を断ることも多く、研究者たちはほとんど研究できない。研究者たちは、歴史を学ぶことを面倒と考えるようになり、もっぱら、手持ちの情報と手持ちの概念で現状分析に終始する。どうすれば「テロリスト」が減るのか。どうすれば「汚染」を防げるのか。どうすれば「災害」を最小限に食い止めることができるのか。ちょうど、どうすれば株で儲けられるのか、どうすれば健康になれるのかを考えるのと同じように、政治を考えるようになっていく。しかし、市民の知識欲はそう簡単になくならない。それは哲学に移動する。なにかを知りたいのに知ることができない。考えたいのに考えられない。哲学書であれば、人がものを考えていた時代があったことを知ることができる。ものを深く、その源流にさかのぼって考える、ということが、こんなことだったのか、と追体験できる。だから、誰も哲学書の中身を理解できていない。雰囲気だけを味わい、それで満足してしまう。戦争がやってくるとしたら、そのときには、戦争が戦争であると感じ取る能力と、戦争が危険なものであると感じ取る感覚が、ほとんど列島の住民から失われている。仮にも感覚が残っている人間は、投獄される。だから、報道する意味はそもそもない。毎日のスポーツニュースに詳しくなった住民にとって、「災害」は、中央から遠い地方の話にすぎないからだ。

3 第二段階 隠される「戦争」

冬の谷間の穏やかな一日。田舎の雪もちょっとずつ溶け、田んぼの用水路が音をたてて流れている。日本軍がどこか遠い国へ出かけて行ってから何年たっただろうか。Aは考える。今日はちょっと暖かいから、子どもたちと買い物をしてこよう。Aは新聞を読む。全国各地で起こる「トラブル」と「災害」の記事に見飽きてしまった。なぜなら、新聞によれば、どれもが現状復帰が早いからである。超小型飛行物体の研究が大学で進んでいるという記事もある。これを使えば戦場で効果的な攻撃ができるという。効果的？　Aは頭をひねる。この村はずっと平穏でいい。殺人事件もないし、火災も汚染もない。散歩の途中、フキノトウの群生を見つける。今日の夜はフキノトウのてんぷらだな、と献立が決まる。春が待ち遠しい。鳥の声がAの耳を楽しませる。Aは心が浮き立つ。

若葉萌ゆる季節。小学校の校庭からは子どもたちの歓声が聞こえる。Bくんの「転校」以来、「転校者」は3名にのぼったが、先生の一人も着任1年目で「退職」させられたという。「転校」させられそうになった子どもをかばったということだが、真相は明らかではない。もちろん、こういった事実は、親同士の話題にはのぼらない。職員会で手をあげて質問する教師もいない。校長の「リーダーシップ」と「権限の集中」が求められる教育現場では、教師は自分の意見をいうことが難しい。

今日は、「事故」があったという隣駅の復興のお手伝いである。各自、体操服を着て、軍手をはめて、ヘルメットをかぶり、がれきを片付ける。ヘルメットには大きな「日の丸」と「愛する日本のために」と書いてある。憲法第三条第二項に「日本国民は、国旗及び国歌を尊重しなければならない」とある以上、小学校の教員はあらゆるものに国旗を描かなくてはならない。「みんな怪我には気をつけてね」と先生が注意をする。「ほんと、子どもたちは頼もしいわね」と近所の人々にも評判である。この作業が終わると、近所の人々は、子どもたちに手作りのお菓子をプレゼントする予定らしい。お菓子は無農薬の小麦粉で作られていて、美味しいと評判である。アレルギーを持つ子どものために米粉のクッキーも用意されている。「事故」は、鉄道の「システムの誤作動」によって、列車が脱線し、駅の一部が損傷した、というものである。報道各社もカメラをもってやってくる。子どもたちが汗を流す姿は絵になるな、というカメラマンの声が聞こえる。

猛暑日。太平洋高気圧が日本列島に大きく張り出している。Cは、満員電車に乗って、つり革広告を眺める。いつもの日課である。「テロリスト図鑑」の連載は本になったと書いてある。一人一人の顔写真とデータがあげられている本は結構売れているらしい、俺も買ったよ、と会社の同僚が言っていたことを思い出す。そういえば、この週刊誌、最近グラビア写真と、グルメのコーナー、それから長生きの秘訣を扱った記事が増えているな、と感じる。これも平和な証拠かとCは携帯に目をやる。恋人からディナーのお誘いである。心が躍る。いつものレストランは「トラブル」で閉店したらしいので、別のレストランを探したよ、というメールに、Cは微笑む。このレストランの近くのライブハウスでは、先日、英霊たちに捧げるコンサートがなされた。遠い国で亡くなり、日の丸に包まれた兵士たちを思い、有名な歌手が作詞作曲をしたという。今年の紅白歌合戦でもおそらく歌われるだろう。きっと、みんなで合唱かな、とCは思う。Cのまわりの乗客はみな、スマートフォンの画面上で親指の体操に余念がない。いつもと変わらない、のどかな光景である。

街路が銀杏の臭いで満たされる季節。読書の秋、本屋は書き入れ時である。Dの勤める本屋では、哲学のブームがさり、心理学のブームが到来している。哲学ファンだったDはがっかりである。「フィロる」ことはもはや過去の流行。心理学なんて即物的でつまらないと思っていたDは、しかし、異変に気付く。「嘘を見抜く方法」「スパイから身を守る心理」「テロリストの心理」といった本が売れているのである。給湯室での先輩の話では、最近、身の廻りには「スパイ」がいると聞く。「スパイ」とは、日本で友好に暮らしているフリをして重要な情報を盗んで、「テロリスト」に伝える、というのだ。心理学がはやるのは、護身術のためでもあるだろう。

これが、戦争である。

戦争はどこか遠い国でなされていて、死者もどんどん出ている。Eは、混乱するロジスティックの復旧のため、あちこちの街で食料と水を買い求める。しかし、どのお店も、日本の国防軍には売ろうとはしない。国防軍が現地で何をしているかを知っているからだ。「おい、お前は日本人か？広島と長崎を経験しながら、なんで、おれたちの生活を壊そうとするんだ。覚えておけよ！」と英語で叫ばれた。恐怖が背筋を走る。仲間のひとりは、この恐怖に耐えかねて自分ののどに銃を突っ込んで撃ちぬいて死んだ。ほかの部隊でも自殺者は多いと聞く。しかし、国防軍で自殺者が出ていることは隠されている。いつ誰に狙われているかわからない恐怖は、駐屯地の周辺に住む人たちに信頼されていない不安と相まって、精神的に耐えられない。兵士たちは、銃を持つことでこんなに自殺がしやすくなる事実を知る。ああ、こんなことをするために、自分は国防軍に入ったわけではない。現に、日本にいる大切な家族さえ守れないではないか。

大学はもはや軍需産業の下請け機関になりつつある。落ちてくる研究費の額が科学研究費とは違う。研究の競争が熾烈になって、みなが麻痺し、みなが自分を偽っている。超小型飛行物体は、猛毒や病原菌を運ぶ媒体であるとともに、ロボット好きな子どもたちの一番人気のおもちゃになるという。しかし、大学は「軍学共同」とはいわない。なぜなら、「軍学共同」という言葉も概念も存在しないからである。学問とはすべからく、国民が求めることに奉仕すべきであることが、国民にとって前提となっているのだ。学内で反戦運動をしてきた教員たちはみな「テロリスト」と認定され、『テロリスト図鑑』に掲載されている。「テロリスト」の書いた本はもちろん発禁処分となる。表現の自由は、公の秩序を乱すのであれば、制限されるからだ。「奉仕」という言葉はあのナチズムの根幹にあたるのだが、その反省はとっくに忘れられている。「未来を担う子どもたちのために、ワクワクする知を」と大学は謳う。少子化した子どもたちの獲得合戦は熾烈を極めている。

新憲法第二一条の「表現の自由」の条項に、「公益及び公の秩序を害することを目的とした活動を行い、並びにそれを目的として結社をすることは、認められない」という条項が挿入されたことは、いまから考えれば致命的だったというべきだろう。「公益及び公の秩序を害する」という言葉は拡大解釈を呼び込みつづけたからだ。列車の事故は、最高司令官たる内閣総理大臣が、「国民」を守るために列車運用の機動性をあげよと鉄道会社に無理な注文をしたために起こった。しかし、実際は、「国民」ではなく、「首相官邸」が攻撃されたときのための国防軍の機動性の整備が問題だった。このミスを官邸は「システム誤作動」による「事故」と発表し、報道各社も鵜呑みにして恥じない。「わたしはこの国が好きです。わたしはこの国の国民が好きです。この身にかえて、みなさんをお守りします」と国会で演説して支持率が急上昇した内閣総理大臣が守ろうとしているのは、しかし、国であって国民ではなかったことがもはや明らかである。

遠い国の戦いでは、つぎつぎに兵士たちが死ぬ。「英霊」として日の丸に包まれた棺桶が、日本航空の飛行機で日本に戻り、靖国神社に祀られ、日本国内でその美談が語り継がれる。いまもっとも売れている本は、この美談を素材にした本である。靖国神社では、「未来の平和のための礎になってください」と小学生たちが作文を読み上げ、遊就館は拡張工事を始めている。しかし、子どもたちは、その「戦死」をリアルな人間の生命の破壊としてとらえることができない。「死」の実態をあばく言論は封殺され、生命を賭して現場に向かうジャーナリストの報道は一部のインターネットメディアでしか放送されない。しかも、そのメディアの言論も「公益及び公の秩序」に反するゆえに、注意を受けた。「戦死」とは、落とし物をしたり、忘れものをしたりするのと同じひとつの出来事でしかない。

緊急事態では、秘密警察が跋扈する。秘密警察は、一般人を雇い、情報提供を呼びかける。ナチスのゲシュタポもそうであった。いつも笑顔の隣人の女性や街頭でタバコを売っているおじさんが秘密警察協力人になる。これは、ベルリンの壁崩壊後、自分の配偶者が秘密警察の協力人であったことに衝撃を受けたという東ドイツのシュタージの事例をそのまま繰り返しているようなものである。それでも、市民たちは楽しい時間を過ごしている。なにも疑問を抱かずに、海水浴に行き、カフェでお茶をして、自分の健康や美味しいレストランについて考えていれば、秘密警察にご厄介になることはまずない。実は、海水浴でも、カフェでも、レストランでもちゃんと高性能監視カメラによって監視されているにもかかわらず、楽しい時間を過ごすことができる。歴史や思想を勉強しすぎると頭が変になって逮捕されやすいという噂は、ここ5年全く静まる気配がない。文系入試の不人気も深刻化し、国公立大学でも文学部の廃止が叫ばれている。そしてもっと厄介なのは、外国のスパイも入り乱れていることだ。日本の秘密警察の情報が外国のスパイに流れ続けていることを、戦時中の情報管理の苦手な内閣総理大臣はひた隠しにしている。意気揚々と最高司令官になった内閣総理大臣が、必ずしも戦争の総括技術に長けているとは限らないのである。

4 第三段階　唐突な「戦争」

Aは、写真を見て毎日泣いている。最愛の子どもたちは、ハエほどの超小型飛行物体が外国から運んできた病原菌にやられて、みんなAの前で苦しみながら死んでいった。この病原菌は、抵抗力の弱い子どもたちにもっとも効果的である。ちょうど、イラク戦争でナパーム弾の鉄の破片が散らばる高さが、子どもの目線の高さに近かったのと同じように。戦争は、子どもを最大の被害者にする。超小型飛行物体の開発競争で日本が負けていたことなど、内閣総理大臣でさえ知らなかった。それよりも内閣総理大臣は、ゴルフのドライバーのテクノロジーの発展についてのほうがはるかに詳しかったようだ。日本は普通の国になろうとして、科学技術の力を軍事技術に向けようとして失敗した。旧憲法の平和主義こそが、実はもっとも子どもを守る武器だったのかもしれない、とAは思う。Aは妻の死後、ひとりでこの子どもたちを育ててきたのだ。田舎に引っ越してきたのも、自然のなかで自由に子どもを育てたかったからである。兵糧攻め作戦もAにショックを与えた。農業を大切にしないまま、自由貿易に身をゆだねてきた政府のミスが祟った。政府は、武器の増産ばかりに力を入れているうちに、食料に関して戦争準備を怠ってきたのである。Aと妻の思い出がつまった田畑は小型飛行物体によって汚染され、秋にはなにも実らなかった。近くのダムも「汚染」されたという。レイチェル・カーソンの予測は甘かったのかもしれない。沈黙したのは鳥ではなく、人間であり、季節も春ではなく秋なのだ。Aは、ただただ、季節を感じることなく、頭をたれている。

Bくんのお父さんは、獄中で「心不全」で亡くなった。Bくんのお父さんは、昔は、インタビューなどの記事が掲載されたこともあったが、彼の死は新聞では全く報道されていない。Bくんがお父さんと再会したとき、お父さんの体はとても綺麗だった。賢明なBくんは、この形成外科の処置がなにを意味しているか知っている。拷問があったのだ。旧憲法第三六条では、「公務員による拷問及び残虐な刑罰は、絶対にこれを禁ずる」だったのが、「公務員による拷問及び残虐な刑罰は、禁止する」と表現がシンプルになったことを、Bくんのまわりの大人は誰一人として教えてくれなかった。あれだけ「人権教育」に熱心な学区だったのに。お父さんの体は傷だらけにされた。きっと、お父さんに、仲間の反戦運動家の居場所を言え、と脅迫したにちがいない。一度、法務大臣が、「テロリストには基本的人権などない」と言って物議を醸したことがあった。Bくんの眼には、交戦国ではなく政府に対する恨みが宿り始めている。Bくんの通っていた学校は、「事故」によって壊滅したという。生き残った人はほとんどいなかったらしい。

Cは、目の前で恋人を失ってから、なにもやる気がでない。仕事に行っても、身が入らない。食事に行っても食欲がわかない。鏡をみても、目をそらしてしまう。恋人とディナーを楽しんでいる最中に、小型爆弾が爆発した。観光客や地元の住人と一緒に、つきあったばかりの恋人の手足が千切れ、顔も半分吹き飛んだ。交戦国はすぐに犯行声明を出す。総理大臣が、テレビで「絶対に許さない。あなたたちの宗教は呪われている」と口走ったことがこの爆破事件を呼び込んだのだが、新聞などでは報道されていない。「蛮行を許さない」という官房長官の言葉だけが虚しくテレビに響いている。なにが本当か、なにが嘘か、誰を信じればいいのか、もう誰にもわからないし、自分で考える力も残っていない。Cは、何十年も前に「テロリスト」の誰かが「思考停止に陥るな」と叫んでいたことをふと思い出す。戦争は遠い国で起こっているものだと思っていた。自分がどれほど甘かったかがわかる。戦争はずっと昔から、そこにあったのだ。

Dは、あれだけ好きだった本屋を辞めた。上司からの命令で、文部科学省の秘密教育部に配属されたのである。Dは、学生時代に哲学書を読んで、レベルの高い論文を書いていたことが評価され、今後は、子どもたちの洗脳方法の研究にあたることになった。いかに貧困層の子どもたちから、現状に対し疑問に思う気持ちをなくし、戦争遂行のためにしっかりと働く子として育て上げるか。広告代理店やシンクタンクと一緒に、教科書、学習指導要領から、ゲーム機、テレビ番組など、すべてを点検する作業に日夜没頭している。意外にやりがいがある仕事だ。

Eは、遠い国の戦場で死んだ。たった一人で、誰にも看取られることなく、透き通るような青空を見ながら、死んでいった。

それでも、日本列島では、梅は香り、桜は咲き誇り、新緑が芽生え、セミが鳴き、銀杏が色づき、山は雪化粧をする。四季はめぐり、負傷者と死者が淡々と増えていく。政府は、国を守るが住民は守らない。政府は、戦争で勝利するという目的のために、あるいは、列島住民に対して体面を保つために、ちょうど東京電力福島第一原発事故と同じように、その生命維持にとって重要であるはずの情報をほとんど隠す。これが、戦争である。戦争になれば、真実が宣伝に負ける。戦争になれば、常識が非常識として弾圧される。これが、仮に「自民党改憲草案」が新しい憲法になったときに起こりうる、それでももっとも楽観的な予想でシミュレーションした、近い未来の戦争の姿である。

COLUMN

コラム

解釈改憲

石埼　学

「解釈改憲」とは、正規の憲法改正手続を経ずに、憲法解釈によって憲法改正と同じ効果をつくり出すことを非難する文脈で用いられてきた言い方である。同じことを一定の要件のもとで肯定する場合には「憲法変遷」などと言われる。[*1] もとより憲法上憲法解釈をする権限のある国家機関による有権的解釈に変更があったからといって、それらがすべて「解釈改憲」に該当するとされるわけではない。憲法解釈の変更と「解釈改憲」は異なる。従前の憲法学が「解釈改憲」や「憲法変遷」を論じる時には、憲法解釈には「わく」があるということが共通の前提とされてきた。その「わく」を超える「にせの解釈」に基づく国家行為による「解釈改憲」が非難されてきたのである。その際の「わく」の内と外との判定基準は必ずしも明確ではないが、この「わく」論を主張した清宮四郎によれば、その基準は「憲法の基本原理とされるものであり、日本国憲法の場合は、民主・自由・平等・福祉および平和の原理」であるとされる。[*2]

つまり、憲法の基本原理に反する「にせの解釈」による国家行為によって憲法改正と効果がつくりだされることが、非難されるべき「解釈改憲」なのだが、憲法の基本原理そのものが憲法解釈の結果に他ならない以上、この「わく」論を前提とする「解釈改憲」批判には、それほど強固な理論的な根拠があったわけではなさそうである。

「存立危機事態」における集団的自衛権の行使等が憲法に違反しない等とした2014年7月1日の閣議決定や、そこで示された憲法解釈に基づく安保関連法の成立（2015年9月）は、許されざる「解釈改憲」であるとの主張は多い。筆者も安保関連法は憲法違反であると考えている。一般国際法上の国家固有の自衛権は日本国憲法も放棄しておらず、その自衛権の行使のための必要最小限度の実力としての自衛隊の存在は合憲としてきた従来の政府見解そのものに筆者は同意しかねるが、自衛隊による従来の防衛出動の要件であった日本に対する「武力攻撃」の発生という事実もないのに、自衛隊が他国と共同で自衛権を行使できるとするのは、「存立危機事態」という限定があるにせよ、従来の政府見解に照らしても質的な重大な相違がある。海外での自衛隊による他国軍隊の後方支援や武器使用も、なぜそれが憲法九条一項の禁じる「武力の行使」ではないのか、筆者には理解しかねる。

しかし、従来の「解釈改憲」批判の前提となってきた「わく」の存在そのものも、またかりに「わく」が存在するとして、その内と外との判断基準が確たるものであることも、十分に論証されてこなかったうらみがあるように思われる。今日、憲法学では、「わく」の存在そのものを否定し、憲法解釈は様々な憲法解釈アクターの攻防戦にゆだねられるとの「動態的憲法理解」[*3]が提示されたことが象徴的であるが、ルール懐疑の立場（憲法のテクストそのものは意味を持たず、解釈されてはじめて意味を持つ）や憲法条文には、ルール（準則）であるものと原理であるものとがあるとの立場[*4]など様々な解釈方法論に基づく学説が有力な憲法学者によって提示されている。

安保関連法を巡る様々な出来事は、上記の諸学説へのあらためての注目も含めて、もしかすると、それぞれの憲法解釈方法論に対する憲法学者の自覚と研鑽を促す契機になったかもしれない。「解釈改憲」批判を続けるのであれば、憲法解釈の「わく」の存在について、厳しい論証が求められるであろう。これは筆者自身の課題でもある。

＊1　樋口陽一『憲法Ⅰ』（青林書院、1998年）388-389頁参照。
＊2　清宮四郎『国家作用の理論』（有斐閣、1968年）211頁。
＊3　山元一「九条論を開く」水島朝穂編『立憲的ダイナミズム』（岩波書店、2014年）。
＊4　後者の原理であるとされた条文については憲法の統制は緩められる。憲法9条を原理と理解した上で自衛隊の合憲性を主張するのが長谷部恭男『憲法の理性』（東京大学出版会、2006年）などである。

第3章

表現・思想・信仰

人間の「精神的自由」とは何か

フリージャーナリスト
中村一成

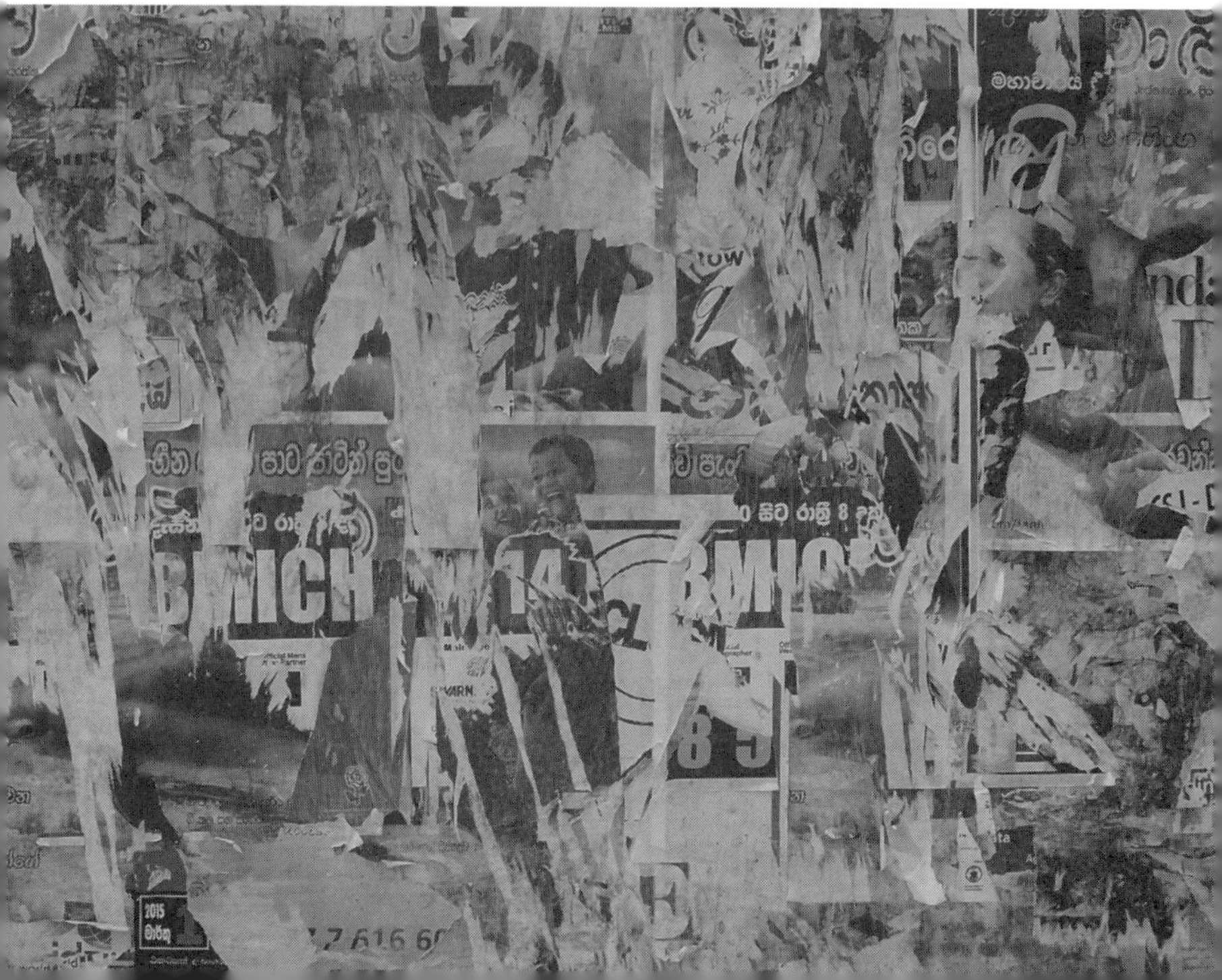

1　改憲草案　異論、反論、猜疑の否定

●この国の「精神的自由」とは

２０１６年8月、米プロフットボールリーグ、「49ers」所属のコリン・キャパニックが、試合前の国歌斉唱に起立せず、「黒人や有色人種を虐げる国の国旗や国歌に私は敬意を表することはできない。私にとってはフットボール以上の問題だ」と語った。あまりの格好よさに痺れたが、それがさらに輝いたのは、仲間の反応だった。メディアやファンからの批判もある中で、チームは彼の言動を擁護し、次戦でも起立を拒んだ彼に、チームメイト数人が同じく不起立で応じたのだ。[*1]

当時、大統領だったバラク・オバマはその行動に「彼は憲法で定められた『表現の自由』を行使した」とコメントした。オバマは、ブッシュ時代を遥かに上回るアフガニスタン国境地帯への爆撃を命じて多数の民間人を殺傷し、イスラエルによるガザでの虐殺を全面的に擁護した上、核兵器の発射指示ツールの入った専用鞄を広島・平和記念公園に持ち込むような人物だが、それでも弁護士、理念や理想は弁えている。日本の首相、安倍晋三では考えられない対応だろう。

小学生を装った大学生がSNSに投稿した自分への批判にマジ切れし、フォロワーを焚きつけ攻撃する。テレビに生出演した際は、番組で流れた批判的な「街の声」にブチ切れ、「厳しい意見を意

図的に選んでいる」とまくし立てた挙句、自民党を通じて各テレビ局に「公正な報道」を求める文書を送り付ける。「らしからぬ」それらの行為を国会でたしなめられると、「『言論の自由』だ」などと開き直り、「上手く切り返したぞ！」とばかりにドヤ顔をする。彼は憲法に「守られる存在」ではなく「縛られる存在」のはずなのだが……。

権力者批判のコントなら笑えもするが、違う。行政府の長、総理大臣のリアルな姿である。最高権力者の「自覚」もなければ、政府の政策に抗う者や、マイノリティなどの少数意見を守り、社会を健全に保つために「言論表現」や「良心」の自由などの「精神的自由」があるとの常識もない。

この人物が6割前後もの支持を得ているのが日本の「今」だとすれば、「精神的自由」に対する民度は推して知るべし。本稿執筆時、韓国のいわゆる「少女像」が問題になっている。当事者抜きの「日韓合意」を基に、札ビラで頬を張るように像の撤去を要求してきた日本政府は、民間団体が釜山に像を設置したことに激怒し、大使を引き揚げた。それを「国民」の過半数が支持しているという。国内各地に少女像を置くというやり方への賛否は別にして、設置したのは一民間団体だ。「国家間合意」に従わない者は弾圧せよとでも？　ここに安倍が支持される反知性国家の現実がある。

「信頼は専制の親である」とは、民衆に「権力を疑う」義務を訴えたジェファーソンの至言だが、この国の多数者はその言葉とは無縁である。「専制と隷従」（現憲法前文）を拒むのではなく、寧ろそれを求めているかのようだ。この自発的隷従の蔓延には暗澹とする他ない。安倍政権が進める改憲草案（以下「草案」）が実現すれば、「表現」「思想信条」「良心」の自由など「精神的自由」はどうなるのか。いや、「どうなるか」ではない。既に現実はそれを凌駕している。壊れた現実を最高法規で追認するのが安倍改憲なのだと思う。「日の丸・君が代」への抵抗や「釜ヶ崎」での運動、さらには「二級市民」にされた在日朝鮮人の闘いの歴史など、「壊憲」の現場での抵抗の数々を紐解きながら、今後起こり得る事態を素描したい。

鳥肌が立つほどマッチョで、全体主義と国家主義、排外主義に貫かれた今回の草案、その通奏低音は端的に言って、権力者や多数者の常識に対する異論、反論、猜疑の否定だ。それは少数意見や、マイノリティの意志表示の回路を遮断する条文として具体化している。人びとの、とりわけ少数者の言論、表現を最大限認め、守ることが公権力の義務だが、「草案」にそのような意志は欠片もない。「他者の否定」というこの社会の病理が濃縮されている。

●「良心」の圧殺　「国旗国歌規定」

冒頭から地金剥き出しである。[*2]「天皇」「皇位の継承」に続いて三条で早くも「国旗国歌」を「日の丸・君が代」とする規定とその尊重義務が謳われる。広島で起きた不幸な事件[*3]を契機に、強制はしないと詭弁を弄して1999年、「国旗国歌法」が成立したが、これが憲法規定になるのだ。「国旗国歌法」の成立によって、教育現場における「日の丸・君が代」の押し付け、踏絵状況は一気に激しさを増した。大多数が無関心を決め込む一方で、個人の内面に土足で踏み込み、同化と隷従を強いてくる権力と、それでも闘い続ける抵抗者たちがいた。その姿は、土井敏邦監督『〝私〟を生きる』（2010年）に刻まれている。葛藤しつつも自らの言葉を裏切らずに生きようとする根津公子、佐藤美和子らを追いかけ、「人間にとって思想とは何か」を描いたこの秀逸なドキュメンタリーの背景にあるのは、国旗国歌法成立の年、東京都知事になった石原慎太郎が2003年、史上最高の300万票を得て再選するや否や発した、いわゆる「10・23通達」である。そこにはこう明記されている。

　都立学校の入学式・卒業式などにおける国旗掲揚・国歌斉唱の実施について、教職員は国旗に向かって起立し、国歌を斉唱すべきこと、国旗掲揚・国歌斉唱の実施に当たり、校長の職務命令に従わない教職員は服務上の責任を問われることを周知すべき。

　以来、「君が代」斉唱時の「不起立」や「不伴奏」で処分された教師は2017年4月までに延べ約480人に達する。園遊会に出席した都教育委員の米長邦雄（棋士）は天皇明仁に「日本中の学校で国旗を掲げ、国歌を斉唱させることが私の仕事でございます」と決意を語った（2004年）のは、当時の異常な空気を物語る出来事だった。橋下徹の盟友、中原徹・大阪府教育長が各学校長に出した「斉唱時の『口元チェック』指令」（2013年）や、安倍とそのお仲間による国立大学への「国旗国歌」要請（2015年）など、病的といえる指令や要請の数々は、都の強硬姿勢に煽られたものだ。草案は、この冗談のような事態を「醒めない悪夢」にする。

前述の映画『〝私〟を生きる』の序盤で映し出されるのは、九度目の処分（停職6か月）を受けた根津の「校門前登校」である。学校前で挨拶する根津に、ある生徒は挨拶を返し、別の生徒は目を逸らせて通り過ぎる。彼・彼女らを呑み込む学校を囲む鉄の柵は、学び舎を守る防波堤というよりは、憲法番外地の牢獄に子どもたちを閉じ込める「檻」にも見えてくる。校門前登校する根津を見舞い、その「闘い」を労う支援者に彼女は言う。

「私は頑張ってないのよ。元々いた場所にいただけで、みんなが他のとこにいっちゃったのよ」。

彼女らの重圧は如何程だったか。その一端は、根津や佐藤がふと漏らす「死への誘惑」に垣間見える。それでも彼女らを支えたのは、中国でなした行為を頑なに語らず死去した父の沈黙（根津）や、ビルマへの出征を恥じ、反戦運動に身を投じた牧師の父と、特高に殺された祖父（佐藤）から受け継いだ、加害を見つめた上での「二度と繰り返すまい」との決意。そして平和や人権、民主主義を語ってきた自らの言葉を裏切りたくないとの思い。そして何よりも、侵略の旗や天皇賛歌を前にした在日朝鮮人らマイノリティの子どもを護りたい、止められなくともせめて彼・彼女たちを一人にはしたくないとの覚悟である。

彼女らとは対極の者たちの醜悪さは、卒業式で「歌わない自由、立たない自由」を訴えるビラをまく根津らに詰め寄る男たちや、当局側についた「同僚」たちの姿に現れている。「どこの国に国旗、国歌を愛さない国民がいるんだ」「子どもに基本的人権はない」――。声を荒げて迫る男たちを黙認するばかりか、彼女らの動向を「業務」として監視する「教師」たち。まさに自発的隷従である。平等や自由、人権とは最も程遠い発想が、他でもない教育の場を蝕んでいるのだ。

本作で描かれた根津の処分は2015年5月、東京高裁で取り消され、確定した。処分歴に基づく累進加重処分を前提に、停職を「妥当」とした東京地裁判決とは違い、高裁は機械的なやり方を「思想信条か教職員の身分かの二者択一を迫るもの。憲法が保障する思想・良心の自由の実質的な侵害だ」と見做した。当たり前の判断である。だが、国旗国歌を明記し、尊重義務を謳う草案が憲法になれば、判事にこのような判断は出来るか。

草案は「思想及び良心の自由」について「保障する」と規定、現行憲法の「侵してはならない」から、明らかに後退した。「思想及び良心の自由」は人間にとって不可侵の権利ではなく、「表現の自由」などと同じく、あくまで一定の条件下において「保障される」ものになるということだ。それは、「国旗国歌」への尊重義務と相俟って、権力による思想信条の押し付けから子どもを守る根拠を根こそぎにするだろう。

二八条の「争議権の制限」もそれを補強する。草案は、現行憲法二八条に記された勤労者の労働三権を保障した上で新たに「二項」を新設し、「公務員については、全体の奉仕者であることに鑑み、法律の定めるところにより、前項に規定する権利の全部又は一部を制限することができる」とわざわざ書き足している。これも抵抗を抑圧する武器となり得る。権力、資本にとっては至れり尽くせりだ。

土井の映画のタイトルは、根津の言葉から採ったものだが、そこに皮肉な先見性を見てしまう。

現行憲法一三条の「すべて国民は、個人として尊重される」が「全て国民は、人として尊重される」になっている。個として大勢に異論を持ち、異を唱えることを「個人主義」として目の敵にする政権中枢にとって、物言わず従う個なき「人」こそ、理想の人間像なのである。批判はするな、政権の都合（これを彼らは「公益」「公共の秩序」と呼ぶ）に従え。まさに「隷従」の強要以外の何ものでもない。その教えを忠実に内面化し、主体的にそのように振舞う国民を育成するのが公教育である。

2 「公の秩序」という「魔法の杖」

そしてマイノリティや少数意見抑圧の「魔法の杖」が、「公益及び公の秩序」である。現行憲法一二条に記された人権保障上の留保「公共の福祉」を「公益及び公の秩序」に書き換え、全体で四度も繰り返す。その「ココロ」について、自民党は「日本国憲法改正草案Q＆A」[*4]でこう説明している。

「従来の『公共の福祉』という表現は、その意味が曖昧で、分かりにくいものです。そのため、学説上は『公共の福祉は、人権相互の衝突の場合に限って、その権利行使を制約するものであって、個々の人権を超えた公益による直接的な権利制約を正当化するものではない』などという解釈が主張されています。しかし、街の美観や性道徳の維持などを人権相互の衝突という点だけで説明するのは困難です。

今回の改訂では、このように意味が曖昧である『公共の福祉』という文言を『公益及び公の秩序』と改正することにより、その曖昧さの解消を図るとともに、憲法によって保障される基本的人権の制約は、人権相互の衝突の場合にかぎられるものではないことを明らかにしたものです。」

要するに「他人を害しないすべてのことをなしうること」（フランス人権宣言四条）である「自由」を国家、行政との関係で規制するということだ。「表現の自由」を定めた二一条にもそれは書き込まれている。現行憲法に二項を加え、「前項の規定にかかわらず、公共及び公の秩序を害することを目的とした活動を行い、並びにそれを目的として結社をすることは、認められない」とした。「お上」が「公共及び公の秩序を害する」と認めた表現活動は最高法規に反する行為とされるのだ。

この項では「国際人権規約における人権制約の考え方」と設け、「我が国も批准している国際人権規約でも『国の安全、公の秩序又は公衆の健康若しくは道徳の保護』といった人権制約的原理が明示されているところです。また、諸外国の憲法にも、公共の利益や公の秩序の観点から人権が制約され得ることを定めたものが見られます。」と記している。

人権侵害を正当化する時だけは「国際条約」を持ち出してくる。だが政府にその資格があるのか？　たとえば国際人権規約に批准した1979年から38年を経ても、自由権規約（B規約）二〇条二項に明記された、「差別、敵意又は暴力の扇動となる国民的、人種的又は宗教的憎悪の唱道は、法律で禁止する」という条約の要請を日本はネグレクトし続けている。それを隠して「公の秩序」

による人権制約的原理を持ち出すなど、ご都合主義の極みである。

●ヘイト対策の最前線で

ヘイトスピーチ対策を例に、もう少し説明する。2012年秋以降、自滅への道を突き進んでいた民主党が引き起こした近隣諸国との歴史、領土を巡る軋轢と、第二次安倍政権の発足に勢いづいたヘイトグループが、幾度目かの高揚期を迎えた。関西方面で標的にされたのは、1980年代の指紋押捺拒否闘争時代、制度の廃止を求める者たちがデモを繰り返した鶴橋駅前の千日前通りだった。かつて人間解放を求める者たちが行進した「解放区」は、警察に守られ、「表現の自由」を謳歌するレイシストたちに滅茶苦茶にされ、少数者は沈黙を強いられた。

そこで現れたのが従来の左翼、リベラル運動とは一線を画す「カウンター」だった。躰を張ってデモを止めようとする動きは膨れ上がり、2013年3月にはレイシストを遥かに上回る人数で彼らを包囲するに至った。しかし警察にとってカウンターは「合法デモの妨害者」である。しばしば現場で衝突が起こると、逮捕されるのはカウンターばかり。カウンター側からの批判を意識したのか双方の頭数を合わせて逮捕したこともあった。逮捕までいかなくとも、警察は常にカウンターを規制し、頻繁に暴力を振るって現場から排除した。「差別を禁止」する法律（行政規範）がなく、ヘイトデモが少数者の「人間の尊厳」を害し、ジェノサイドを引き起こす犯罪行為と見做されない日本では、「公共の安全」「混乱の未然防止」などを理由に、官憲は恣意的な業務遂行が可能なのだ。だから不十分とはいえ「ヘイト解消法」成立の意義は大きいのである。

官憲と向きあいながらカウンターは差別に抗する「表現の自由」を拡張していったが、結局は消耗戦である。そこでヘイトデモを禁止する立法措置を求める声が大きくなっていく。カウンターや意識ある国会議員の動きをメディアが取り上げ始めたことによる社会問題化や、京都朝鮮学校襲撃事件の判決で言い渡された「差別への否」、市民運動と一部議員たちの尽力などで、永田町や霞が関も動き始める。そこで浮かび上がったのが法規制に慎重、反対の立場をとる自民党議員、とりわけ警察官僚出身や極右団体と繋がりの深い議員たちのヘイトデモへの認識だった。端的に現れたのは2016年春、野党案を審議する参院法務委員会の席である。与党推薦の米国人弁護士はヘイトスピーチを「迷惑行為」と称したのだ。これは慎重・反対派の認識を代弁していた。

彼らはヘイトスピーチを深刻な「人種差別」ではなく、公共の秩序や平穏を乱す「迷惑、示威行為」と定義づけようとした。ヘイトデモが新手の「迷惑、示威行為」として規制されるならば、同様に、「公共の秩序や平穏」を乱す行為としてデモ一般もこれまで以上に規制の対象にされうる。そうなれば、権力者やその手足たる警察に更なる武器を与える事態になりかねない。だからこそ野党や運動側は、ヘイトデモは「迷惑、示威行為」だからダメなのではなく、「人種差別」だからダメなのだという発想に拘ったのだ。

少数者を沈黙させて、民主主義の前提である「平等」を破壊し、更なる暴力を誘発する「人種差別」と、「騒音」を伴う政治デモ、または暴走族の暴走行為のような「迷惑、示威行為」は全然違う。2014年8月、自民党のヘイトスピーチ対策プロジェクトチーム発足の際、高市早苗自民党政調会長が国会前デモの規制に言及したのも、この二つをおそらくは意図的に混同したものだ。

ヘイト規制論議は結果的に、「ヘイトスピーチ解消法」でひとつの区切りを刻んだが、同法は、罰則もなく対象範囲も狭い。「適法に居住する」者を対象にした要件それ自体が人種差別撤廃条約に反する。とはいえ、本文に「差別」の文言を盛り込み、人種差別を「違法」とし、人種差別撤廃条約の関連法規である旨を附帯決議にした意義は大きい。繰り返すが、人種差別を「解消すべき社会悪」とする前提を欠いた「ヘイト対策」は、少数者たちの権利要求、政治的主張を弾圧する武器へと容易に転化し得る（だからこそ、差別規制を求める運動体の多くは現在も、包括的な人種差別禁止法制定を前面に掲げた運動を展開しているのである）[*5]。

●繰り返される「予行練習」

「Q&A」ではさらに「『公の秩序』の意味」と題し、「なお『公の秩序』と規定したのは、『反国家的な行動を取り締まる』ことを意図したものではありません。『公の秩序』とは『社会秩序』のことであり、平穏な社会生活のことを意味します。個人が人権を主張する場合に、人々の社会生活に迷惑を掛けてはならないのは、当然のことです」などと記しているが、その「社会秩序」とは何か？

官憲は既にそれを先取りしている。

共産党員である公務員の勤務時間外のビラ配布の逮捕、起訴や、本稿執筆段階、いまだ長期拘留されている沖縄反基地運動のリーダーや「本土」からの支援者への弾圧など、事例は掃いて捨てるほどある。民主党政権が迷走を続けていた2011年4月、私の知人友人数名が逮捕された「釜ヶ崎弾圧事件」は、まさに当局のいう「社会秩序」の内実を表している。

容疑はその前年7月11日の参院選で、西成区のある投票所に抗議活動を仕掛け、公務を妨害したというものだった（後に弁護士の指摘で公妨の要件を満たさぬことが判明、大阪地検は4人を威力業務妨害罪で起訴した。同罪もまた、異論弾圧の《魔法の杖》なのだ）。

発端は釜ヶ崎解放会館の住民票登録問題である。日雇い労働者や路上生活をする者は、生活保護や資格試験などに必要な現住所の証明が困難な者が多い。そこで「釜ヶ崎解放会館」に数多くの者が住民登録をしていたが、ある警察官の不祥事でそれが発覚、読売新聞のキャンペーンに各社が付き従う形で夥しい報道がなされ、それまで住民登録を黙認していた西成区役所は態度を急変、日雇い労働者ら2000人以上の住民票を職権で消除した。これでは選挙にも行けない。

地元の活動家たちは役所と交渉、一定の条件をクリアすれば投票所で住民票の記載を戻し、投票できるようにすることで落ち着いた。だが2010年7月の参院選時、選挙管理委員会の関係者らがなぜか西成区内のある投票所で、その入り口をブロックし、活動家らの立ち入りを妨げた。そこで抗議した者たちが約9か月後に逮捕されたのである。

起訴、拘留された4人のうちの1人は癌患者だった。拘置生活ではまともな医療を受ける権利も認められず、体調を悪化させながら臨んだ初公判の法廷では、「この法廷をメディアにして」、基本的人権の番外地とされ、声を奪われた釜ヶ崎の現状を訴えると声を振り絞って宣言したが、釈放から1年後、刑事被告人のままで一生を終えた。警察権力による事実上の殺人だった。そして当局の共犯者となった裁判官は全員に有罪を言い渡した。一つの判断根拠は「平穏な状態」を害したことだった。この手法は、第二次安倍政権後の反原発デモや東北からの瓦礫受け容れ反対運動への弾圧にも持ち込まれている。官憲が主張し、司法が認める「社会秩序」がこれなのだ。草案が通れば、これらの不当弾圧を合法的手段で問うことすらも難しくなる。

大手メディアが無視したこの事件の経緯は金稔万監督『釜の住民票を返せ！　２０１１』[*6]に記録されている。そこにあるのは尊厳を求めて闘う者たちへの苛烈な弾圧である。実は金稔万も後に逮捕された。「容疑」は運転免許更新の際、居住事実のない住所を記したなどというもの。逮捕の狙いは金が各地で撮影した抵抗運動の映像だったとみられ、当然ながら不起訴となったが、今だってここまでやるのだ、やれるのだ。

そして二一条に加えられたのは「活動」や「結社」の否定である。これもハチャメチャの極みだ。政府は、害することを目的とした「活動」「結社」に限定と強弁するだろうが、誰がそれを判断するのか？　たとえば朝鮮学校の高校無償化排除や補助金廃止を巡って各地でたたかわれている裁判を見ればいい。裁判で国側が学校側の「胡散臭さ」を印象付けようと出してくるのは公安調査庁（公調）の資料である。予算獲得のために次から次へと脅威を「発明」し、いまだオウム真理教の恐怖を煽り、沖縄の基地撤去運動に中国が浸透を図っていると年次報告に書く妄想官庁の作文なのだ。それでも判事は法務省に属する公調を信じる傾向がある。実際、大阪府市の補助金打ち切りを巡る裁判では、司法が公調の認識をなぞって判決を書いている。

草案は、官憲による現行憲法下での逸脱行為に合憲のお墨付きを与えるだけではない。特定秘密保護法など改憲の外堀を埋める違憲法制と闘う根拠を消し去る。それに呼応する立法もなされるだろう。憲法番外地の抑圧と圧迫の数々が、今度は実定法を根拠になされるのだ。それはある意味、現行憲法と現実との矛盾を最悪の形で解消するものでもある。

3　少数者の「口封じ」で始まった「戦後」

さらに私が懸念するのは、外国人の法的地位を「国民」から一段、二段下がるものと明文化する規定である。法解釈上、意見が分かれる問題を憲法で固定化するのである。

現行憲法は「表現の自由」を保障しているが、しかし、日本の「戦後」とはそもそも、植民地支配で帝国臣民とし、皇民化教育の対象にしていた朝鮮人を公的空間から排除していくこと、その「表現、言論」を封じることで始まった。

最初は「婦人参政権」の実現と同時になされた在日朝鮮人の参政権停止である。その主眼は「天皇制廃止を訴える勢力」と見做された朝鮮人の政治的力を削ぐことにあった。そして1952年、安倍政権が「主権回復」と寿ぐサンフランシスコ講和条約の発効と同時に旧植民地出身者の国籍は一方的に喪失させられ、以降、戦後補償、社会保障から排除されていく。

●「黙らぬ者たち」が拓いた地平

レイシズムは公と民間を循環し、増幅する。「二級市民」とされた在日への入居や就職の差別は当たり前。朝鮮学校生への攻撃も相次いだ。そんな中で1962年11月、法政大学付属第二高校の文化祭で横浜朝鮮高校の生徒が殺される事件が起こった。それを契機に、翌年、真相調査団が結成され、「在日朝鮮人の人権を守る会」の結成へと至った。「黙らない」者たちが現れたのだ。外国人学校法案への反対運動を経て、決定的動きが起きた。日立就職差別裁判闘争である。在日の自己表現は、1980年9月10日、新宿区役所で韓宗碩(1928年生)が指紋押捺を拒否したことに端を発する指紋押捺拒否闘争へと繋がっていく。潜在的犯罪者扱いの不当に抗う捨て身の抵抗だった。外国人登録証明書(以下、外登証)不交付や逮捕、起訴、最悪は強制送還の恐れもある。そこに向き合った上の「叛乱」について、韓は田中宏(現・一橋大名誉教授)にこう述懐している。

「いままで何度となく、指紋を押してきました。しかし、考えてみると、私の子も孫も同じように押しつづけることになります。私は、子孫にこれといって残してやれない代わりに、指紋を採られなくてすむようにくらいは、してやれないかと思ったんです。[*7]」

権力によって保障される「表現、言論の自由」ではなく、個人の決意と覚悟に依る「自由な表現、言論」の行使――自由への意志――は民族、国籍の属性を超えた広範な繋がりとなり、1985年の大量切り替え時には、拒否者はついに1万人を突破した。厳罰化や逮捕・起訴、再入国許可や在留資格更新の拒否など、なりふり構わぬ権力側の弾圧を撥ね退け、1988年には押捺は1回制となり、1992年には永住者の押捺が廃止、2000年には外国人登録法による指紋押捺義務は全廃された。少数者の上げた「声」が多数者の社会に風穴を開けたのだ。マイノリティが公的空間で発話していく回路を広げたのである。

少数者を黙らせて成立している社会では、マイノリティの意思表示は法を逸脱した行為となることも少なくなかった。たとえば広島で被爆した孫振斗（1927年生）は、戦後、帰国したものの、1970年に被爆医療を求めて「密入国」せざるを得なかった。彼の存在自体が日本政府の不実を物語っていた。あるいは孤高の人、宋斗会（1915年生）。日本政府による一方的な国籍剥奪への否として、日本国籍確認訴訟を起こし、自らの外登証を法務省前で焼き捨てた。京都・ウトロのハルモニ（おばあさん）たちは、不法占拠地とされた自らの集落に解体屋がきた時、ダンプの前に寝転がって強制執行を防いだ。指紋押捺拒否で逮捕され、複数人の警察官に抑えられ、強制具を使って十指の指紋を強制採取された経験を持つ金成日（1951年生）は、2000年の指紋押捺義務廃止後も残る外登証の常時携帯義務に対して、法務省に外登証を送り返す返上運動にも取り組んだ。彼は公開請求で入手した31人分の外国人登録原票をアート作品にした「『在日――反乱する肖像』展」――まさに「自由な表現、自由な言論」の行使である――を開き、2007年、テロ対策として特別永住者以外は再入国時の指紋が義務付けられたことに抗して、ドキュメンタリー映画『1985年　花であること』を制作した。

時に法を破ってなされる彼らの「自由な表現」は、よりよい社会を開く鍵でもあった。日本のハンセン病政策への謝罪と補償を求め、全国のハンセン病元患者たちが国を相手に起こした「『らい予防法』違憲国賠訴訟」の原告団に参加、岡山・長島愛生園の在日入所者たちをまとめ、昨年死去した金泰九（1926年生）は、生前よくこう語っていた。「異端こそが道を開くんだよ！」と。

「専制と隷従」を拒み「圧迫と偏狭」に抗う少数者たちによる、身を挺した「自由な言論」「自由な表現」の行使こそが、社会の「精神的自由」を拡充してきた。安倍晋三に餌付けされたマス・メディア幹部たちは、それとは最も遠い存在である。彼らにとって「言論、表現の自由」とは、権力から与えられ、保障してもらうものなのだ。だからこそ特定秘密保護法や「改正」盗聴法などの壊憲法を成立させて、「報道の自由度ランキング」を2010年（民主党政権時）の11位から72位に急落させ、本稿執筆中には三度目となる共謀罪の導入を目論み嘘八百を並べる安倍晋三と仲良く飲食が出来るのである。彼らに「表現、言論の自由」を語る資格はない。彼らに出来るのは、崩壊していく世界を傍観し、我先に「順応」することだけだ。

●内向きに閉じて行く「哀れな国」

少数者による「自由な言論」が拓いた地平は外国籍者の政治参加だった。草案はそれをも否定する。たとえば九四条二項だ。現行憲法九三条二項では「地方公共団体の長、その議会の議員及び法律の定めるその他の吏員は、その地方公共団体の住民が、直接これを選挙する」となっている。草案ではその「住民が」が「住民であって日本国籍を有する者が」に書き換えられている。これは外国人への地方参政権付与に改憲で「止め」を刺すものだ。

外国人参政権の問題は、1970年代から、ノンフィクション作家、田中伸尚が「行動する預言者」と呼んだ崔昌華牧師や、在日文学のパイオニア、金達寿らが口にした「一票」への希求という形で顕在化し始めた。そしてそれは、1990年、大阪の在日朝鮮人11名が法廷に訴えた地方参政権訴訟で「途方もない空想」（黄甲植）から「現実の運動」へと移行した。[*8]

この裁判で最高裁は1995年2月、請求そのものは棄却しつつも、主文ではない傍論部分で「（永住者等の外国人に）法律をもって、地方公共団体の長、その議会の議員等に対する選挙権を付与する措置を講ずることは、憲法上禁止されているわけではない」とし、その「措置を講ずるか否かは、専ら立法政策にかかわる事項」と指摘したのだ。

1998年10月の第一四三回国会には、当時野党だった「民主党」と「公明・平和改革」が共同で初の外国人参政権法案「永住外国人地方選挙権付与法案」を提出した。1999年10月に誕生した自民、自由、公明の連立政権（第二次小渕内閣、いわゆる「自自公政権」）では、政策協定で外国人地方参政権付与法の成立が盛り込まれた。協定を結びながらも自民党内では反対意見が噴出し、上程廃案が繰り返されたが、麻生政権までは常に国会に法案が提出されていた。

隣国の韓国では1998年2月、金大中政権が誕生、日本政府に在日への地方参政権付与を要望すると同時に、韓国における定住外国人に対する地方参政権付与の実現を追求、後任の盧武鉉政権時代の2004年、ついに外国人地方参政権が実現した。

自民党の反対派議員らが「外国人参政権の慎重な取り扱いを要求する国会議員の会」を結成、参政権潰しを目的に「簡易帰化法案」の動きが出るなど反動も起き、民主党政権誕生以降、今に至るまで法案は上程されていないが、「共生社会」を口にするならば、外国籍者の政治的意志表示の保障は避けては通れぬ課題であることに変わりはない。ＯＥＣＤ（経済協力開発機構）で外国人の参政権を全く認めないのは日本だけ。草案は、共生社会に向けた基盤整備にあえて止めを刺すのだ。

「公職」者の選定や罷免に関する「外国籍者排除」は、一五条にも明記されている。現行憲法一五条にある「公務員を選定し、及びこれを罷免することは、国民固有の権利である」の「国民」が「主権の存する国民」の権利とより厳格化された上、同条三項では、公務員の選挙について、現行憲法が「成年者による普通選挙」と記した「成年」の前に、わざわざ「日本国籍を有する」と書き加えているのである。ここには公による就職差別に対峙して積み上げられてきた、公務員就任権を巡る闘いを振り出しに戻す意図を感じる。少し歴史的経緯をなぞってみたい。

前述したサンフランシスコ講和条約発効の翌1953年、法務省民事局長は一片の通達を出す。「公務員に関する当然の法理として、公権力の行使、国家意思の意思形成に参画する公務員には日本国籍が必要」。「当然の法理」とは論ずるまでもない自明なことを意味する。1973年に自治省は、この見解が地方公務員にも当てはまるとし、後に「国家意思」は「公の意思」へと書き換えられた。法律ではない「当然の法理」という、議論の入り込む余地を許さない行政解釈が、公務員就任から外国籍者（当時は、ほぼ全員が旧植民地出身者であった）を当然のこととして排除し続けてきた。

しかし1970年代から状況は動きはじめる。前述の「日立就職差別裁判闘争」である。民間企業の就職差別をめぐる法廷闘争は、当然の帰結として、官公庁が行う差別にも光を当てた。一つの嚆矢は司法修習所への外国籍者入所を拒む最高裁規則の撤廃だった。突破したのは金敬得である。この交渉に関わった田中宏は、公務員採用との関係を指摘する。1977年には司法修習生、1982年には国立大教員の国籍条項が撤廃され、翌年には弁理士からもなくなり、各自治体の教員採用試験の募集要項から「日本国籍」との応募資格がなくなっていく。かつては想像もできなかった分野にまで国籍条項撤廃の動きは広がり、地方公務員にまで至った。1995年には高知県の橋本大二郎知事が「当然の法理は法規範性を持たない」などと、全面撤廃を主張。翌年には政令指定都市として初めて川崎市が一般職の部分開放に踏み切り、追随する自治体が増えた。ただ「川崎方式」とは、採用してもラインの役職にはつけず、消防職からは排除するという、「当然の法理」を踏まえたものだった。

この「当然の法理」に挑んだ闘いが、東京都の保健師だった鄭香均（1950年生）が起こした訴訟だった。*9 1994年、東京都の管理職試験の受験をしようとした鄭に対し、幹部は申込書の受け取りを拒んだ。翌年には実施要綱に「日本国籍を有する」ことが明記され、再度、受験を拒まれた。このため鄭は、東京都を相手取り、慰謝料など200万円の支払いを求める訴訟に踏み切った。職場を相手にした訴訟である。10年にわたる訴訟で鄭が受けた重圧は想像を絶する。

1996年、東京地裁は請求を棄却したが、翌年の東京高裁は、「外国籍の職員から管理職選考の受験機会を（一律に）奪うことは、職業選択の自由（憲法二二条）に違反する」などと初の違憲判断を示し、都に40万円の支払いを命じた。判決は、「この国では日本国民がすべてを決める」意味での「国民主権」を自明に、その原理に反しない限りで、「在日外国人の公務員就任は憲法上禁止されていない」という認識である。そして憲法上、権力を直接行使する国会議員や裁判官らには外国籍者の就任は許されないが、「間接的に国の統治にかかわる公務員は職務内容や権限で許されるものと駄目なものがある」と判断し、「一律排除は憲法違反」との結論に至っている。これ自体、1953年の法制局見解を前提とした問題のある判決だ。だがそこには国籍条項を巡る裁判で唯一の「違憲」の二文字が入っていたのである。「当然だが『画期的』な判決」と評されたゆえんである。

東京都は上告、最高裁は2005年1月、自治体に広範な裁量権を認め、東京都の措置は「合理的な範囲内」と結論づけ東京高裁の判決を破棄し、鄭の請求を棄却、逆転敗訴を言い渡した。政府見解の「当然の法理」を使わぬ一方で、「公権力等使用公務員」という苦しい造語を持ち出し、外国籍者の任用は、法体系の「想定外」とした。

記者会見で鄭は「哀れな国」と日本を批判し、続けた。「今、世界中の人に言いたい。日本には来るなと。外国人が日本で働くのは税金を払うロボットになるのと同じです」。最高裁が示したのは、他者と共に生きることを展望できない社会のありようだった。

草案の条文は、第二、第三の鄭香均を警戒して設けられたと推察される。「公僕」として住民サービスにあたる公務員はむしろ多用な属性を持つ方が、質の高いサービスを円滑に提供できるはずだが、日本は逆に国籍によって排除してきた。たとえばアメリカでは、ヘイトクライム法が設けられた州では人種的マイノリティ（アフリカ系やヒスパニックなど）を警察が採用し、少数者が警察に繋がりやすいよう配慮しているという。*10 だが日本は真逆だ。

4　根こそぎにされていく「精神的自由」

●マイノリティ排除としての改憲

　ここまでの徹底した少数意見の排除は不可解ですらある。法律とは社会へのメッセージだ。男女共同参画社会基本法や迷惑防止条例などの制定によって、男尊女卑や痴漢行為に「寛容」な日本の社会意識が大きく変化していったが、それとは正反対の意味で、自民党による改憲は社会に影響を与えるだろう。その一つは、植民地支配期から溜め込まれたレイシズムの拡大と蔓延である。

　安倍政権による改憲準備が進むなか、露払いの動きも強まる。端的な例は、高校無償化からの朝鮮学校排除と、呼応して進む自治体の補助金停止、廃止の広がりである。政府は、除外は政治的、外交的理由ではないと強弁するが、文科大臣や有力政治家が刊行物やブログ、記者会見で書き、語った言葉を並べるだけでも、教育現場に「北朝鮮との関わり」という「政治的理由」を持ち込み、朝鮮学校を弾圧したのは明白だ。橋下徹が先鞭をつけた補助金廃止でそれはさらに露骨になる。

　財政事情が厳しい朝鮮学校に補助金の支給停止をチラつかせて、「教室からの肖像画の撤去」や「学習指導要領に準ずる教育」「朝鮮総連、北朝鮮との関係を切る」「財政の一般公開」の四要件を求め、達成すれば次には職員室からの肖像画撤去を要求し、さらには児童・生徒の一部が参加した朝鮮民主主義人民共和国での「迎春公演」への参加を問題視し、補助金を止め、廃止してしまった。
これは学校制度の根幹である「私学の自由」を踏み躙る行為である。憲法草案に記されている「国旗国歌尊重義務」を合わせれば、まさに教育現場における思想信条、良心の自由の侵害へと繋がるものだ。２０１７年1月26日、朝鮮学校側が大阪府・大阪市を相手取り、補助金不支給処分の取り消しなどを訴えた裁判で、大阪地裁は大阪府・大阪市の行為を全面肯定し、学校側の請求を棄却する判決を言い渡した。それに対して私学の団体や教育研究者から広範な抗議は聴こえてこない。

地裁判決は、朝鮮学校への支援は権利ではなく恩恵で、支給、不支給は「行政の裁量範囲」とした。満席の法廷で、木で鼻を括ったような骨子の朗読を身じろぎもせずに見据えていた生徒たちの姿が目に焼き付いている。民族性を表現する自由、朝鮮人が朝鮮人として自らが思うように生きて行く自由が踏み躙られたのだ。「他人を害しないすべてのことをなしうること」は万人に保障された権利のはずだ。しかし、その「自由」、その「権利」に価値を認めない者たちが多数を占めるのが、この国の２０１７年の姿である。ＧＨＱ草案にあった「すべての自然人は」が「国民」に書きかえられ、一六条にあった国籍差別禁止が巧妙に削除されたことを思い出す。自民党改憲とは、現行憲法施行に続く、戦後二回目の最高法規によるマイノリティの社会的排除なのだ。

●「〝自由な言論〟はある。」

1974年、名誉毀損や侮辱罪の免責規定削除などを含む刑法「改正」案が問題化した時、地に足のつかぬ左派・リベラルの言動をなで斬りしたアナキストでルポライターの竹中労はこう記した。「人間を制度が支配するかぎり（むろん共産制であろうと）、どこに〝言論の自由〟など存在しよう」。数々の筆禍事件で「場」を失いながらも、「自由な言論」を行使し切った竹中ならではの、「言論の自由」という幻想にぶら下がる者たち全方位に向けた「啖呵」だった。いかなる体制下であろうと、本質的に「言論の自由」などありえない。ただ権力の許容範囲をはみ出た「自由な言論」のみが存在し、それこそが「言論の自由」を拡充してきたのだ。前述してきた先達、とりわけ法を食い破って法の不正を表現し抜いた者たちは、恣意的な国籍喪失によって、法の庇護の外を生きざるを得なかった者ゆえにそのような「表現」が出来たのである。その意味では、冒頭で紹介した、オバマが賛意を示したキャパニックの不起立は、社会の表現の自由、ひいては精神的自由を拡充するものだ（と同時に合衆国大統領の賛意は、キャパニックが行使した「自由な表現」を体制秩序の中に回収する行為でもあるが）。前述の竹中の文章は次のように結ばれる。「しかし、いかなる時代・社会・国家においても、断固として〝自由な言論〟はある。とうぜんそれを行使する者の勇気と、犠牲の上にである」[*11]。

＊1　ＮＦＬオフィシャルページhttp://www.nfl.com/など。
＊2　条文はすべて以下、自由民主党「日本国憲法改正草案」。https://jimin.ncss.nifty.com/pdf/news/policy/130250_1.pdf
＊3　１９９９年、広島県立世羅高校の校長が、卒業式前日に自死した。「日の丸・君が代」の実施を迫る国、県教委と、反対派との板挟みになった心労が原因といわれる。
＊4　自由民主党「日本国憲法改正草案Ｑ＆Ａ」。https://jimin.ncss.nifty.com/pdf/pamphlet/kenpou_qa.pdf
＊5　喫緊の課題「ヘイトデモ」の規制を実現するためには、いわゆる「公安条例」の「改正」に取り組むべきとの意見もある。
＊6　連絡先は「中崎町ドキュメンタリースペース（ＮＤＳ）」（kajii@nakazakids.sakura.ne.jp）。
＊7　田中宏『在日外国人〔第3版〕――法の壁、心の溝』（岩波書店、２０１３年）。
＊8　田中宏「『在日』権利闘争の五十年」藤原書店編集部編『歴史のなかの「在日」』（藤原書店、２００５年）。
＊9　詳しくは、中村一成「哀れな国――都庁国籍任用差別裁判・最高裁大法廷判決が意味するもの」インパクション１４６号（２００５年）１−６頁。
＊10　ＬＡＺＡＫ編『ヘイトスピーチはどこまで規制できるか』（影書房、２０１６年）。なお日本の警察、検察で在日朝鮮人らが働くことを阻む制度上の壁は国籍である。これも前述した旧植民地出身者の「外国人化」と国籍を「理由」にした社会的排除の結果だ。
＊11　竹中労「刑法改正と〝自由な言論〟」『決定版ルポライター事始』（筑摩書房、１９９９年）。

COLUMN
コラム
権利と義務
武村二三夫

憲法草案では、自由及び権利には、責任及び義務が伴うことの自覚が求められる（一二条）。ここでいう責任と義務の内容は明らかではない。しかし自由と権利は他に害を及ぼしがちなものと捉えられ、自制が求められている。また常に公益や公の秩序に反してはならない、とされているが、現在の憲法にはこのような規定もない。公共の福祉による制限は認められているが、この公共の福祉とは他人の基本的人権との調整原理だと理解されている。憲法草案は、他人の基本的人権による制限ではなく、公益と公の秩序に反してはならない、としている。公益の内容もはっきりしないが、国の利益すなわち時の政権の政策の実現を意味するとされかねない。

例えば鉄道、道路、ダム設置などの大規模な事業がなされる場合、この事業によって立退きをするのはいやだ、このような大規模事業は環境に重大な悪影響を与える、として声を上げると、公益に反するということで権利や自由が制限できることになる。一二条は権利や自由の総論的な規定であるから、二一条の集会・言論・出版などの表現の自由も公益に反するということで制限されかねない。

アメリカは韓国にＴＨＡＡＤという新たな迎撃ミサイルシステムを設置した。日本にこのようなミサイルシステムを設置する場合、その施設の周辺の住民が立退きに反対するかもしれない。また、そのような施設は必要ではなく、双方の軍備の増強を促すだけだ、あるいは地元に作られると攻撃の目標となるのでかえって危険だ、として反対するかもしれない。このような反対運動は、公益に反するものとして規制されかねない。また住民が反対の運動のために団体をつくると「公益及び公の秩序を害することを目的とする結社」として解散命令を出すことも考えられる（二一条）。

集団的自衛権の行使となると日本が外国で戦争をすることができる。Ａ国が日本と同盟関係にあるＢ国を攻撃した、として日本が参戦し自衛隊がA国を攻撃しようとしているとき、戦争によって解決すべきではない、日本は戦争に巻き込まれてはならない、実はB国がA国を先に攻撃したではないか、などと反対することは、やはり公益に反することになるとして反対運動も禁止されかねない。

第4章

教育

幸福追求権としての教育はどうなるのか

大阪市立大学
西垣順子

1　自民党改憲草案の話をする前に

法律の条文・言葉がなぜ問題なのか

学生から授業に対して比較的頻繁に寄せられるコメントに「法律の条文にどの言葉が使われているかなんてどうでもよいではないか」「法律に何と書いてあろうと子どもたちを大事にする教育をすればよいのだ、法律にとらわれすぎだ」というものがある。気持ちはわからないでもない。例えば教師になりたいと考えている学生の場合、「子どもたちに学ぶことのおもしろさを伝えるにはどんな授業をすればよいか」とか「クラスでいじめが発生すればどう対応すればよいのだろう?」といった実践的な興味関心を持っていることが多い。憲法や教育基本法、学校教育法等々の条文の中の文言がどうあるかは、「どのような授業展開をすれば子どもたちの興味関心を掻き立てられるだろうか」という問いに比べると、はるかにどうでもよいような問題に見えるのだろう。

だが実際には、法律の文言が一つ変わるだけで何もかもが大きく変わる。影響は主に二つの現れ方をする。第一の迅速に表面化する影響は、お金の流れである。公費をどのように支出するかに法律は大きな影響を与える。そして予算は毎年編成されるものなので、法律が変更されればその翌年から影響が表面化する。

次のような事態を考えてみよう。現在の教育基本法第一条では教育の目的を「教育は、人格の完成を目指し、平和で民主的な国家及び社会の形成者として必要な資質を備えた心身ともに健康な国民の育成を期して行われなければならない」と定めている。仮に「平和で民主的な国家及び社会」が「世界の中心で輝く日本国」と変更された場合に何が起こるかというと、子どもたちを「世界の中心で輝く日本国の形成者」にするための教育に国と地方自治体の予算が投下されることになる。一方で、「世界の中心で輝く日本国の形成者」の育成に寄与する度合いが低いと思われる教育プログラムは予算が削減されたり打ち切られたりする。どれほど理想的な教育実践も、お金がなければ実現しない。教育のように公費で運営される割合が高い事業においては、法律や法令の変更によって蒙る影響は甚大である。[*1]

二つめの影響はもう少しわかりやすいかもしれない。法律によって学校や教師も支配されるので、仮に教育の目的が「世界の中心で輝く日本国の形成者の育成」とされれば、教師はそれに向けた教育に専念しなければならなくなる。他方である意味で困ったことに、このような影響は迅速には表面化しないことも多い。一つの法律の文言が変わっても、カリキュラムなどが変化するまでには実際には時間も手間もかかる。そのため、法律の変更に反対意見や懸念が多く出されていても、法律が変わった直後には現場は大きくは変わらないので「杞憂だったではないか」と思われることも少なくなく、そして議論は社会から忘れられていきやすい。そして徐々に、まさに真綿で絞められるがごとく、一つの法律の変更はその他の関連法令や制度を変え、お金や人事の動きを変え、そして教育現場を変えていく。

法律中の文言は、たとえそれが小さなものに見えても、非常に強い力を持っている。個人の力だけでそれに抗うことは不可能に近い。「法律がどうあろうと子どもたち全員を大事に育てる」というのは残念ながら不可能である。

2　日本国憲法ができてから

●教育を受ける権利とそれを保障する義務

日本国憲法第二六条では、「すべて国民は、法律の定めるところにより、その能力に応じて、ひとしく教育を受ける権利を有する」と記されており、教育を受けることは、すべての国民が享受すべき基本的人権として位置づけられている。このことは第一一条において「国民は、すべての基本的人権の享有を妨げられない。この憲法が国民に保障する基本的人権は、侵すことのできない永久の権利として、現在及び将来の国民に与へられる」と示されていることからも明らかであろう。

なお日本国憲法が保障している教育権については、誤解されやすい点が二つあるのでここで確認をしておく。一つはこの条文中の「その能力に応じて」という部分であるが、これは通常、「必要に応じて」と解釈される。「高い能力を有する優秀な人材が多くの教育を受ける」という意味ではない。

むしろ能力の低い人や家庭環境などの事情に恵まれない人にこそ、丁寧な教育が必要でもある。そうでなければ、憲法が保障しているその他の基本的人権が実質的に保障されない。

もう一つは「義務教育」である。不登校の児童生徒などに対して「義務教育だから学校に行かなければならない」と主張する人がいるが、それは誤りである。子どもも含めたすべての国民が享受しているのは「教育を受ける権利」であって、学校へ行く義務ではない。すべての子どもたちが教育を受けられるように政策等を実行していく義務が、国や自治体など社会の側にあるのである。また第二六条二項で「保護する子女に普通教育を受けさせる義務を負ふ」と定められているが、これも「子どもを引きずってでも学校に行かせるのが親の義務」と理解するのは誤解であろう。日本国憲法が制定された頃の日本では、特に農繁期などには子どもを学校にやらずに家の手伝いをさせるようなことが珍しくなかった。そういうことをこの憲法は禁じている。しかし、実際の子どもの成長発達は多様であり、その結果として親の義務の果たし方も多様になる。不登校などで子どもが学校に行けなくなったなら、教師と相談する、必要に応じて学校の環境改善を求める、支援クラスやフリースクールを利用する、利用できる資源がないならその設置を自治体等に求めていくなど、多くの選択肢が考えられる。重要なことは、「すべての国民に教育を受ける権利がある」ということであり、子どもなど自分でその権利を行使することが難しい存在に対して、特に普通教育を行き届かせる義務が親、地域、社会、国など大人たちに課せられているということである。

さらにもう一つ重要なこととして、第13条「すべて国民は、個人として尊重される。生命、自由及び幸福追求に対する国民の権利については、公共の福祉に反しない限り、立法その他の国政の上で、最大の尊重を必要とする」と定められていることを念頭に置いておかなければならない。教育の権利は、個々人の生命、自由、幸福追求の権利を実質化させるものとして位置づいているのである。「経済成長のためには教育が大事」などと言われることがよくある。確かに、教育を受ける権利が適切に保障されることで各人の能力が伸長し、職能が向上することはよくあることで、教育が結果的に経済成長に貢献するのは事実であろう。また、教育が普及することが、治安の向上など社会の秩序の維持につながる側面もある。しかし日本国憲法の精神から考えると、それはあくまで結果であって目的ではない。教育を受けて学習する権利は、個人が個人として尊重され、自由と幸福を追求するための機能として重要な位置を占めるのである。なおこのような考え方は、ユネスコ学習権宣言（1985年）において「学習権はたんなる経済発展の手段ではない。それは基本的権利の一つとしてとらえられなければならない」とされていることとも通じる。

●日本における教育を受ける権利の誕生

大日本帝国憲法には教育に関する規定が存在せず、現行の日本国憲法が制定される以前の日本には「国民の教育を受ける権利」という概念が法令上に存在しなかった。教育は憲法にも位置づけられず、国会で決める法律によって定められることもなく、教育のあり方は教育勅語に代表されるよ

郵便はがき

6038789

414

料金受取人払郵便

京都北郵便局
承　　認
6016

差出有効期限
平成31年3月9日
まで〈切手不要〉

京都市北区上賀茂岩ヶ垣内町71

法律文化社
読者カード係　行

ご購読ありがとうございます。今後の企画・読者ニーズの参考，および刊行物等のご案内に利用させていただきます。なお，ご記入いただいた情報のうち，個人情報に該当する項目は上記の目的以外には使用いたしません。

お名前（ふりがな）	年　齢
ご住所　　〒	
ご職業または学校名	
ご購読の新聞・雑誌名	
関心のある分野（複数回答可） 法律　政治　経済　経営　社会　福祉　歴史　哲学　教育	

愛読者カード

◆書　名

◆お買上げの書店名と所在地

◆本書ご購読の動機

□広告をみて（媒体名：　　　　　　）□書評をみて（媒体紙誌：　　　　　　）
□小社のホームページをみて　□書店のホームページをみて
□出版案内・チラシをみて　□教科書として（学校名：　　　　　　）
□店頭でみて　□知人の紹介　□その他（　　　　　　）

◆本書についてのご感想

内容：□良い　□普通　□悪い　　価格：□高い　□普通　□安い

その他ご自由にお書きください。

◆今後どのような書籍をご希望ですか（著者・ジャンル・テーマなど）

＊ご希望の方には図書目録送付や新刊・改訂情報などをお知らせするメールニュースの配信を行っています。

図書目録（希望する・希望しない）

メールニュース配信（希望する・希望しない）

〔メールアドレス：　　　　　　〕

うな勅語や詔書によって決められた。勅語や詔書は天皇の言葉（命令）であり、その内容はほぼ必然的に、教育を（個人の自由と幸福を追求するためのものではなく）もっぱら絶対主義的天皇制の下での富国強兵策の手段とみなすものになった。[*2]

1945年の敗戦を超えて日本国憲法が施行され、教育はすべての国民の権利となった。1947年には教育基本法が制定され、第三条に「すべて国民は、ひとしく、その能力に応ずる教育を受ける機会を与えられなければならない」ことが明記された。そして同年制定の学校教育法において9年間の義務教育制度も発足した。前項で指摘したように、義務教育とはすべての児童がそれを受けることができるように、大人・社会がそれぞれの役割を果たしながら行動する義務を負うことを意味している。教育基本法においては、「教育は不当な支配に服することなく、国民全体に対し直接に責任を負う」という自覚のもとに、教育行政が「教育の目的を遂行するに必要な諸条件の確立を目標として行われる」必要があると記されていた。すべての国民は9年間の義務教育をはじめとする教育を受ける権利があること、それが実現するように必要な諸条件を整える義務が行政にあることが明確に示されたのである。[*3]

なおこのようにして教育を受ける権利がすべての国民のものになるまでには、大日本帝国憲法下という制約の下ではあっても、教育を受ける権利を求めた当時の国民の願いや努力があったことは指摘しておかなければならないだろう。教育を権利としてとらえることを主張していた政治団体も存在していたし、国家主義教育を批判した書物も執筆されていた（ただし、それらは弾圧を受けたり発禁処分になったりした）。[*4]

閉ざされていた教育への門戸を、学びたいという意志を持った個人がこじ開けていく行動も少なからずあった。戦前には国家の方針としては男女別学の教育体制が堅持され、女子の教育機会は著しく制限されていた。大学に入学できるのは男子のみであったが、1913年（大正2年）には東北帝国大学に3名の女性が入学した他、1916年（大正5年）には東洋大学に、栗山津禰という女性が「（女子大学では教えてもらえない）漢文を学びたい」と入学をした。翌年からは栗山に続く女性たちが次々と東洋大学やその他の大学にも入学するようになり、東洋大学に関して言えば1925年（大正14年）には45名にもなった。その後、当時は「大学と名のってもよい専門学校」であったこれらの私立大学が、正式に「大学」に昇格をする機会を得たとき、大学昇格のためには（国家の方針に従って）女子を排除する必要が生じ、女子学生の本科生としての入学は認められなくなった。それに対して栗山らは女子部設置の運動を起こしたりもした。なお東洋大学に関しては、1928年（昭和3年）の大学昇格後に学則変更が認可され、1933年から1943年の間に18名の女子が学部生として入学している。[*5] 他方で国もまた、男女別学体制は維持しながらも、女子の高等教育を徐々に増やしもしていた。

つまり、現行憲法の第九七条（自民党改憲草案では全面削除される条文である）にあるように、教育を受ける権利を含む「この憲法が日本国民に保障する基本的人権」は、日本国民も含めた「人類の多年にわたる自由獲得の努力の成果」であることが確認できる。

●教育を受ける権利をみんなが手にしたはずだったけれど……

しかし実際には、戦後になっても、それどころか高度経済成長の時代になっても、最低限保障されるはずの義務教育からすら排除され続けた人びとがいた。障害者、特に知的障害のある人びとや重い身体障害を有する人びとの教育を受ける権利は放置され続けた。１９４７年4月に施行された学校教育法においては、障害のある子どもたちが学ぶ盲学校・聾学校・養護学校を設置する義務が都道府県に課せられた（第七四条）が、この部分の施行は他とは切り離されて「政令で定める」とされた（第九三条）。[*6] そしてこの政令は、以後32年間にもわたって公布されなかった。

教育を受ける権利が憲法の文言の上では与えられても、実際に学校がなければ普通教育を受けることはできない。１９７９年に知的障害のある人びとを含むすべての子どもたちのための学校（養護学校など）の設置が都道府県に義務づけられるようになるまでの32年間、これらの人びとは学校に通うことができず（通常の学校に通うことも「教育の対象ではない」と教育委員会等から拒否されていた）、教育を受ける権利を剥奪され続けた。[*7] しかもその親たちは、就学猶予・免除願を提出させられた。国や自治体が「学校を作れるだけの力がありませんから、もう少し待ってください。ごめんなさい」と言うのではなく、親や子どもが「障害児として生まれてしまったので学校に行けません。ごめんなさい」と言わされるような状況が続いたのである。しかも高度経済成長期を通じて、小中学生にあたる年齢の子どもたちの不就学率は増加し続けた。日本の経済力は著しく向上していったにもかかわらず、学校に通わせてもらえず就学免除願の提出を余儀なくされる子どもの割合は、1955年を基準にすると1965年には65％も増えていた。[*8]

戦前の日本では公教育は富国強兵の手段としてしか考えられておらず、「教育はすべての個人の自由と幸福追求のためのものである」との考え方は、敗戦してすぐには十分に普及しなかった。教育を「強兵」の手段に表立って位置づけることはなくなっても、「富国」のため、将来に国を経済的に豊かにできる優れた人材を作るためのものとして教育をとらえるという姿勢は、戦後も強固に存在し続けた。しかも当時の教育科学や発達科学はまだ、障害のある子どもたちの発達過程を十分には解明できていなかったので、彼・彼女たちは「発達しない」「教育可能性がない」という言説がまかり通ってもいた。[*9] このような時代背景のもと、日本国憲法にすべての国民のものとして定められたはずの教育を受ける権利は長きに渡って実質化せず、「富国」の役に立たないとみなされる存在である障害のある人や、学校文化や競争環境に適応しにくい人びとへの教育は後回しにされ続けたのである。

●「不就学児の母にはなりません」「オムツをしてでも学校へ行くつもりです」

しかしそれでも日本国憲法が制定された意義は大きく、教育を受ける権利の実現を求めて全国各地で親たちが、教師や保育士・医師・看護師たちが、そして子どもたちが立ち上がった。どんなに重い障害があっても人は発達するのだということを、科学的に証明していった研究者たちもいた。それらの研究成果も基盤にしながらドキュメンタリー映画やテレビ番組が作られ、「障害のある人に教育可能性はない」と素朴に信じていたかもしれない一般の人びとに届けられた。*10

びわこ学園という重い障害を持つ子どもたちが暮らしていた施設を舞台に制作された映画『夜明け前の子どもたち』の撮影スタッフに、当時15歳の吉田厚信くんは言語障害とたたかいながら数時間かけて、「このさい僕の考えている最後の手段は、…（略）…兄さんと相談のうえ、（兄さんの車で）オムツをしてでも学校へ行くつもりです。たとえ学校で息苦しくなっても、それは、ぼくが望んでいったのですからしかたありません」と話した。吉田くんは「（先に亡くなった友人の）今市くんとの約束がある。生き抜く」との決意を強く持ちながらも、学校に行くことはかなわないまま、映画公開の翌年に16歳で亡くなった。*11

憲法が保障している教育を受ける権利の実現を求める声は消えなかった。不就学のまま在宅生活を余儀なくされている子どもの家庭を訪ねる不就学児の実態調査も、各地で自主的に取り組まれた。*12子どもの父親の勤務先にまで「就学免除願」の提出を強制してくる教育委員会に対して、「私は障害児の母です。しかし、不就学児の母にはなりません」と「就学願」を出し続けるという運動なども行われた。*13

このような中、寝たままやオムツをしたままの重い障害のある子どもたちを受け入れた「京都府立与謝野海養護学校」の開校（1969年）、東京都における希望者全員就学の実現（1974年）など、いくつかの自治体における障害児教育施策の展開があった。地方議会や国会における決議もあり、教育基本法・学校教育法から32年後の1979年に、ようやく学校教育法に基づく養護学校の義務制が実現した。ほぼすべての子どもたちに義務教育を受ける権利を保障する体制が、本格的に整うことになったのである。

●「教育を受ける権利の保障」への取り組みはこれからも続かなければならない

障害のある人びとが通える養護学校（特別支援学校）の設置が義務づけられたのは大きな一歩ではあった。しかしそれで、「すべての国民が等しくその能力に応じて、自分とみんなの幸福追求に必要な教育を受ける権利の実現」という課題が、全面的に解決したわけではない。多くの問題が現在もなお残されているし、貧困やジェンダーなど、障害の有無による教育権剥奪以外の、権利侵害の問題も近年大きく注目されている。そして、教育の主たる目的を「富国」と「規律・秩序の維持」に置く考え方は、日本の社会にいまだに根強く存在している。[*14]「すべての国民の教育を受ける権利の保障」や「個人の自由と幸福を追求するための教育」は憲法のみによって実現するのではなく、法律・法令、各種の制度、財政措置などが十分に整うこと、政治家や公務員などの憲法を尊重することを義務づけられている（日本国憲法第九九条）人びとが教育権について適切に理解することなどの条件が整って初めて実現する。そしてそのためには、民主主義社会の形成者である市民の間に理解が広まることも不可欠である。

理解を広げ、教育を受ける権利を本来的な意味で実現しようという取り組みは、今現在も続いている。その道はまだ遠く、曲がりくねっていることも予想される。それでもそれらの取り組みは、請願権（第一六条）、思想・良心の自由（第一九条）、表現の自由（第二一条）、学問の自由（第二三条）などを定めた日本国憲法によって支えられているとともに、基本的人権の保障（第一一条）、個人の尊重と幸福追求権（第一三条）、法の下の平等（第一四条）、社会権（第二五条）、教育権（第二六条）、勤労の権利（第二七条）、勤労者の団結の権利（第二八条）、政治家や公務員の憲法尊重義務（第九九条）等によって基礎づけられてもいる。だが、自由民主党による改憲草案が実現してしまったらどうなるだろうか。

3　自由民主党改憲草案における教育

●自民党改憲草案における教育1　個人の幸福追求ではなく国家のため（富国強兵のため）の教育

現行の日本国憲法には教育について定めた第二六条に二つの項があるが、自民党改憲草案第二六条では、「教育に関する権利及び義務等」として三つの項が立てられている。第一項と第二項は現行憲法の条文と基本的に同じで、ひらがなを漢字にしたり、仮名遣いを改めたりしている程度である。新設された第三項が曲者である。

「国は、教育が国の未来を切り拓く上で欠くことのできないものであることに鑑み、教育環境の整備に努めなければならない。」

第一項と第二項が変更されていないので気づかれにくいかもしれないが、このような第三項が追加されることにより現行憲法が保障してきた「万人の教育を受ける権利」や「個人の幸福追求権としての教育」が根本的に覆される可能性は大きい。主な理由が二つある。

一つは、「教育が国の未来を切り拓く上で欠くことのできないものであることに鑑み」て、国が教育環境を整備していくとしていることである。「国の未来を切り拓く」が何を意味しているのかは推測を要するが、自民党改憲草案の前文で「教育や科学技術を振興し、活力ある経済活動を通じて国を成長させる」と示されていることや、これまでの自民党の政策、そしてことあるごとに発せられる「日本が世界の中心で輝く」といった言葉などを考え合わせると、戦前の富国強兵の、少なくとも「富国」を意味していることは間違いないだろう。先述したように、日本国憲法が成立した後になっても、教育を「富国」の手段とみなす考え方から個人の幸福追求の機能とみなす考え方への転換が容易には生じず（現在でも完全には生じていない）、その結果として障害のある人をはじめとする弱い立場の子どもたちや、いわゆる学校文化や競争環境に適応しにくい子どもたちへの教育が後回しにされ続けてきた。自民党改憲草案の第二六条第三項は、そのような傾向をさらに助長し、教育を受ける権利の空洞化を推し進める可能性が高い。

それどころか、自民党改憲草案においては教育の目的に「強兵」も入っているとの懸念が、いくつかの点から成り立つ。ひとつは前文における、「日本国民は、国と郷土を誇りと気概を持って自ら守り」という文言である。もう一つは同じく前文において、現行憲法にある「恒久の平和を念願する」という文言が削除され（そもそも前文は抜本的に変更されている）、「我が国は…（略）…今や国際社会において重要な地位を占めており、平和主義の下…（略）…世界の平和と繁栄に貢献する」と記されている点である。安倍晋三内閣は、「積極的平和主義」という言葉を掲げて、２０１４年には集団的自衛権を容認する閣議決定を行い、２０１５年には集団的自衛権を含む安全保障関連法を国民の多数の反対意見や慎重意見を無視して成立させた。安倍首相が掲げる「積極的平和主義」とは、武力を用いずに平和を実現しようとすることを「消極的」とみなし、必要に応じて武力（「実力」と表現されることもある）も使って国家間の緊張や対立を解決しようという趣旨のものである。*15 自民党改憲草案にある「平和主義」とは、当然のことながらこの「積極的平和主義」をさしている。さらに、第九条は大幅に変更されており、新設される第九条第三項では「国は、主権と独立を守るため、国民と協力して、領土、領海及び領空を保全し、その資源を確保しなければならない」と示されている。自民党改憲草案の第一〇二条「全て国民は、この憲法を尊重しなければならない」と併せて考えると、「国民と協力して」という部分は見過ごせない。つまり領土の保全と資源の確保のために、国民を動員する権限を国が持つということであろう。

自民党改憲草案は、それなりに巧妙に作られているところがあり、第二六条だけを見ても、教育の位置づけがどのように変更されるのかが見えにくいかもしれない。だが他の条項や前文、及び自民党総裁をはじめとする党幹部などが掲げる理念と照らし合わせると、教育を戦前と同様に「富国強兵」の道具とみなしていることは明らかである。そしてこの改憲が通ってしまえば、すべての国民の自由と幸福追求の支えとなるべく少しずつでも整備されてきた教育制度が、憲法に合わせて変更されることになる。富国強兵に寄与しないとみなされる教育への予算は大幅に削減されるだろう。そして、能力や体力の少ない子どもたちも大事に育てようとする教師は、学校の中で非常にいづらい思いをしなければならなくなるだろう。それどころか、その教師の給与などの待遇が悪くなったり、退職を余儀なくされたりすることもあるかもしれない。しかもそのような状況に至った場合に、教師が異議申し立てをしたり救済を求めたりすることもできなくなる。自民党改憲草案では、第二八条「勤労者の団結権等」に第二項が新設されており、「勤労者の団結する権利及び団体交渉その他の団体行動をする権利」が公務員については制限されることが明示されている。さらに第二一条では表現の自由が著しく制限されることにもなっている。

●自民党改憲草案における教育2　国家主導による教育の固定化が懸念される

二つめの懸念は、前節の最後で述べた国民による「すべての人が個人の自由・幸福を追求するために教育を受ける権利の実現をめざす取り組み」が大幅な機能低下を余儀なくされる一方で、国家による教育の統制が正当化されて強化されることである。幸福追求権としての教育が実際に普及していくためには、個々人による要求と、国や自治体も含めた社会組織による条件整備と啓発の、両側面の相互作用が必要になる。国などの組織は、障害者も含めたマイノリティの学習要求の存在には気づきにくく、気づいても意義を認めようとしない傾向がどうしてもある。他方で個人による運動だけでは、強い主体性と声を上げる力をたまたま持っていた人びとのみが権利を享受することになってしまいかねないので、国などの組織が国民一般に働きかけて学ぶ権利とその大切さを周知していくことも必要である。個人の要求と国家等の立場は対立もするが、積極的に相互作用もすることで、幸福追求権としての教育を受ける権利の実質化が図られていくのである。

そもそも現行の日本国憲法は、国民自身が「自らも学びあい育ちあいながら国を育てていく」ことを前提として作られていて、それを可能にするために、思想・良心・表現の自由や個人としての尊重など、基本的人権が全国民に保障された上で、国会や内閣、司法がそれぞれにどのような役割を受け持つかを定めている。そしてだからこそ、日本国憲法制定直後の70年前には実現していなかった類の基本的人権の保障の実質化や進展が、今日みられるようになっているのである。[*16] だが自民党改憲草案は、改憲実施時の与党（つまり自民党）が国のあり方を決定して固定化するという性格を有しており、国民の自由と権利が著しく制限され、国のあり方に異議を申し立てたり、より暮らしやすい国へと変えていこうとしたりすることが、ほぼできない仕組みになっている。前文の全面変更と改憲草案第二一条の「集会・結社および言論・出版等の表現の自由」に対する制限はその典型である。先述したように、幸福追求権としての教育を受ける権利が広く実質化していくためには、「個々人による要求の声や運動」と「国などの組織による条件整備や啓発」の両方のバランスが重要になるが、このうち個人による要求の声を上げるための条件が大きく損なわれるのである。

さらに、自民党改憲草案の第二六条に新設された第三項にある「（国は）教育環境の整備に努めなければならない」という文言は、国家による教育の統制と介入を正当化して強化すると考えられる。例えば現在でも憲法違反ではないか（検閲ではないか）という指摘のある教科書検定をさらに縛りの強いものにしたり、国定教科書として全国一律の教科書を使うように定めてしまうことも「環境整備」の一環として正当化されてしまうだろう。日本各地の独自の文化や歴史を無視して「日本標準」の文化と伝統を定め、国内を一律化することも可能になる（太平洋戦争中に沖縄では方言の使用が禁止され、標準語を離せない高齢者たちがスパイとして処罰されたということもあった)。[*17]

こうして、個人による要求と国という支配機構のバランスが大きく崩れ、国が(この文脈では改憲時与党である自民党が)定めた教育のあり方が固定化され、日本全体を半永久的に支配するであろうことが容易に推測される。その教育のあり方とは前項で述べたような、富国と強兵を旨とする教育であり、少なからぬ人びとにとって学校と社会が非常に生きづらい場所になってしまうことが予想される。つまり学校をはじめとする教育機関が「子どもを厳しく飼いならす[*18]」ための組織となってしまうことが懸念される。

●「国が教育を重視することを憲法が定めるのは良いことではないの?」と思う方に

教育はその多くが公費によって賄われる必要があることなどから、国が教育を重視し、予算を投入することを憲法で義務づけることは良いことではないかという意見があるかもしれない。自民党改憲草案の条文は「国が環境を整える」であって、教育のために公費をしっかりと支出することと同じ意味かどうかはわからないところもあるが、教育環境を適切に整えることは確かに国が果たすべき責務ではある。

しかし、すべての国民がそれぞれの幸福追求を実現するために欠くべからざるものとしての教育を受ける権利を有することが憲法に示されていれば、それが実現するように公費支出も含めた措置をとるのが国の責務となるのであるから、わざわざ憲法にそのような条文を入れる必要があるのかどうかは疑問もある。実際のところ、現行憲法には本章の第2節に示した文言だけが書かれており、国や自治体等の具体的な責務については教育基本法や学校教育法などに示されている。法律では変更されてしまう恐れがあるから憲法に書くべきだという主張もあるが、そもそも憲法違反の法律は作ってはいけないのであるから、そのような心配は本来はないはずである。

それよりも、自民党改憲草案の第二六条第三項を追加することによる危険のほうが、はるかに大きい。なお、前項と前々項に示したような懸念を、自民党の国会議員（改憲草案に賛成している国会議員）に問いかけてみれば、「それは誤解だ。そんなことは考えていない」という回答がおそらくは返ってくるだろう。だが、口では何とでも言える。憲法を改正する際に考えなければならないことは、前項と前々項で示したような事態を可能にする条文であるかどうかということである。

●教育基本法の変更内容から読み取れる自民党改憲草案の意図

教育を自民党改憲草案から読み取れるような方向へと変貌させていく政治の動きは、改憲によってのみ実現するのでは必ずしもなく、実はすでに大きく進んでしまっている。最も影響が大きかったのは教育基本法の変更（２００６年）であろう。自民党改憲草案に登場する「国の未来を切り拓く」という文言はこの時に教育基本法の前文に挿入された。

このときの教育基本法変更の特徴は、変更前の1947年に制定された教育基本法が教育行政のあり方を定めた法律だったのに対して、国民に向かって教育のあり方を指し示すものになってしまったという点にある。[*19] しかもその背後には愛国主義（ナショナリズム）と道徳主義に基づく古い国家観があるために、学校や地域、家庭の教育にまで国家が介入して、児童生徒学生の心のあり方までもコントロールしようという姿勢が浮かび上がるものになっている。教育基本法が改正されて以降、教育現場への行政からの各種圧力は強くなっていると言われる。

しかも教育基本法変更の際、すべての国民の教育を受ける権利の保障という観点からすれば考えられるべきであった論点の「教育機会の均等」については争点にすらされなかった。[*20] 1979年の養護学校義務制を経て、9年間の義務教育は日本で暮らすほぼすべての子どもたちに届けられるようになったが、義務教育以降の教育はそうではなく、経済的事情などの様々な要因が進学機会を阻んでいることが少なくない。国連人権規約において後期中等教育と高等教育の漸進的無償化が定められているにもかかわらず、日本の動きは遅々として進んでいない。1947年に制定された教育基本法と学校教育法においてはまだ、高等学校や大学への進学機会の保障（進学機会が経済的事情や能力によってはく奪されないこと）は十分には整備されていなかった。「教育基本法が時代遅れになってきたから変更する」というのであれば、義務教育以降の教育の機会均等こそ議論されるべきだったのではないかと思われる。

そして教育基本法変更に関するこのような姿勢を見ていると、前節で述べた自民党改憲草案の第二六条第三項にある「国が教育環境の整備に努めなければならない」としている方向性はやはり、教育に対する国家の統制を強めることであって、国民が幸福を追求していくために教育を受ける権利を保障する責任を、国がよりしっかりと果たすということではないことが示されていると言えるだろう。[*21]

4　まとめ

自民党改憲草案が「憲法」になってしまったら

本章の第3節でもふれたが、現行の日本国憲法は、現在の社会を未完成・未完了なものとして積極的に肯定しつつ、国民が自ら学び成長しながら社会を進歩させていくことを前提として作られている。教育に限った話ではないが、民主的な議論を通じて物事を決めていくことは社会が進歩していくために必須のことである。民主的でなければ、間違いから学ぶことはできない。仮に独裁的なリーダーがいて、彼・彼女が非常に有能な人物だった場合、民主的に物事を決めるよりも素早く「正しい」意思決定が行われることが時にはあるだろう。だがそのような独裁的リーダーが永遠に有能であることはなく、生身の人間である以上は間違った判断も下す。そのときに「あいつが悪い」とそのリーダーを責めて交代させることに成功したとしても、それでは社会が進歩しない。何を間違えたのか、何を見失っていたのか、ひとりひとりが考えることで初めて、社会はより良いものになっていけるのである（現在の日本の民主主義がそのような機能を十分に果たせているかどうかには議論があるだろうが、独裁色を強めることは問題解決に逆行するだけである）。

それに対して自民党改憲草案は、改憲時の与党（つまり自民党）が「日本国とはこのような国である」と決定し、それ以外のあり方を否定し、それに疑問や異議を挟むことを「公益及び公の秩序」と「国民による（改憲後の）憲法尊重義務」の名のもとに著しく制限を加えていこうというものである（特に改憲草案の前文及び第一二条や第一〇二条など）。このような自民党改憲草案が「憲法」になってしまえば、これまでに述べてきたように教育には次の二つのことが生じると考えられる。

一つは、教育が「日本国の繁栄」の道具に位置づけられ、その結果としていわゆる能力の少ない人や競争に適応しにくい人びとの教育を受ける権利がないがしろにされることである。日本が他国との競争に勝ち抜くための「戦士」を養成することが教育の中核的目標に位置づけられ、それを喜んで受け入れない子どもや青年たちは排除されていくだろう。もう一つは、真にすべての人の幸福追求に資する教育へと現状の教育を進歩させていく可能性が、断たれてしまうことである。自民党改憲草案が、すべての人を個人として尊重するものへと日本の社会を進歩させていくことを否定している以上、教育もその中に組み込まれるのは必然である。教育のあり方は国家が決めるものとなり、それを国民個々人の立場から変更していくことは不可能になる。そこに広がる教育の景色は、ずいぶんと生きづらく、学びづらいものでありそうである。

＊1　そもそも法律に教育の目的が書かれることは適切ではないという議論もあるが、ここでは割愛する。広田照幸『〈愛国心〉のゆくえ――教育基本法改正という問題』（世織書房、2005年）を参照。
＊2　田中昌人『障害のある人びとと創る人間教育』（大月書店、2003年）。
＊3　憲法が保障しているのは9年間の義務教育を受ける権利だけではなく、高等学校や大学、さらに生涯教育も国民が享受すべき権利なのだが、ここでは省略する。
＊4　田中・前掲書。
＊5　東洋大学に関するこれらの事項は、2016年11月18日開催の公開研究会「青年・若者と大学――男女共学100周年によせて」で示された紀葉子と朴木佳緒留による発表資料を参照している。
＊6　障害のある人に対する教育に関して、1947年の学校教育法にはいくつもの時代的制約が見て取れる。詳しくは田中・前掲書の特に25－31頁を参照。
＊7　山田洋二監督による有名な映画の一つである『学校Ⅰ』は、様々な事情によって義務教育を受けることができずに大人になった人々が通う夜間中学が舞台になっている。そこにオサムという軽い知的障害がある20歳代と思われる男性が登場する。オサムがなぜ義務教育を受けられなかったのかは映画の中では語られないが、知的障害を理由に就学免除願を出すことを余儀なくされた人びとの一人である可能性が高いと推測される。
＊8　田中・前掲書、中村隆一『発達の旅――人生最初の10年　旅支度編』（クリエイツかもがわ、2013年）
＊9　詳細は、中村・前掲書を参照。
＊10　映画には、柳澤寿男監督による『夜明け前の子どもたち』（1968年）、大野松雄監督による『光の中に子供たちがいる（3部作）』（1974－1976年）などがある。テレビ番組には、『一次元の子供たち』（東京12チャンネル、1965年4月4日放映）などがある。
＊11　田中昌人『講座　発達保障への道3――発達をめぐる2つの道（復刻版）』（全国障害者問題研究会出版部、2006年）
＊12　丸山啓史・河合隆平・品川文雄『発達保障ってなに？――みんなで学ぼう！』（全国障害者問題研究会出版部、2012年）。
＊13　田中・前掲書（2003年）。
＊14　「グローバル人材育成」というスローガンや、道徳教育の教科化などが典型的である。
＊15　「積極的平和（positive peace）」とは本来、武力衝突が現に起きてはいない状態のみをさす消極的平和に対して、戦争に

通じるような抑圧や暴力、貧困も克服した状態を意味する。平和学の父と呼ばれるヨハン・ガルトゥングによる言葉であり、安倍首相の言う積極的平和主義とは全く異なる概念である。なお、安倍首相の言う積極的平和主義は日本政府によって proactive contribution to peace と訳されている。proactive には「(相手の行動があってからの反応ではなく)自分から行動する」という意味がある。

＊16　教育に関してだけでも、義務教育後の学校・大学進学機会の男女間格差の縮小、長期入院を余儀なくされる子ども達が学ぶ院内学級の増加(厚生労働省はすべての小児科病棟に設置するという目標を立てている)、外国にルーツを持つ子どもたちがその国の文化を学ぶ民族学級などの設置など、決して無視できない成果を積み上げてきている。

＊17　久保田貢『考えてみませんか　９条改憲』(新日本出版社、２０１６年)。

＊18　平成12年7月7日(森喜朗内閣時)に開催された「教育改革国民会議第1分科会(第4回)」で提示された資料に、「大人や行政が主体となって家庭、学校、地域で取り組むべきこと」として「子どもを厳しく『飼い馴らす』必要があることを国民にアピールして覚悟してもらう」という文言が登場している。このことが行われる場所は「行政」であり主体は「家庭」とされている。http://www.kantei.go.jp/jp/kyouiku/1bunkakai/dai4/1-4siryou1.html (２０１６年12月24日閲覧)

＊19　広田・前掲書。

＊20　渡部昭男『格差問題と「教育の機会均等」——教育基本法「改正」をめぐり〝隠された〟争点』(日本標準、２００６年)。

＊21　同じような狙いを感じさせる動きが、もう一つある。安倍首相が日本維新の会と協働して改憲を実現するために、高等教育までの無償化を憲法に盛り込むことで憲法改正をしようとしているとの報道が、平成29年1—2月頃になって散見されるようになった。事実であれば理解不能な動きである。高等教育の漸進的無償化を定めた国連人権規約の条項を、日本は長年にわたり留保してきた。だが、留保を続ける国がマダガスカルと日本の2か国だけになるに及んで、２０１２年にその留保を撤回した(民主党政権時代)。国際社会に対して、高等教育の漸進的無償化を進めると約束したのである。国際条約に従って、より具体的で実務的な国内法を整備する義務が、政権交代後の日本の政府にも課せられているのだが、安倍内閣はその仕事に手を付けていない。仮に本気で高等教育を無償にしていこうと思うなら、憲法改正ではなく、具体的・実務的な法律・法令等を整えるはずである。具体的・実務的な法律・法令とは逆の位置にある憲法を変えようというのは、非常に怪しい行動であると言わざるを得ない。本章で述べてきたように、日本国憲法に全国民の教育を受ける権利が定められたにもかかわらず、全国民が義務教育を受けられるようになるまでに、30年以上かかったことを思い出してほしい。

COLUMN

コラム

労働

岩佐卓也

以前、ドイツの労働問題研究者と雑談をしていた際に、日本の労働者の長時間労働のことが話題になった。当然の流れとして彼は「そもそもなぜ日本の労働者はそこまで長時間働くのか？」と質問し、筆者はそれに答えなければならなくなった。

ところがそのとき筆者は、不誠実なことに、また無能なことに、ドイツ語の文章を長々と組み立てるのが面倒になった。そこで思わず、「長時間労働は日本の文化の一種といえる」という「簡潔」な返答をしてしまったのである。

次の瞬間、彼は顔色を変え、猛然と筆者に反論を加えてきた。「そんなはずはない。ドイツ人も昔から『勤勉な民族』といわれてきた。しかしドイツでは労働者が努力して、使用者に抵抗して、労働時間を規制している。日本でも同じようにそうした労使の力関係こそが問題の本質であるはずだ。文化じゃない」と。まったく返す言葉がなかった。

もうひとつドイツに関わる話を紹介したい。ドイツをはじめヨーロッパでは非正規雇用に対する強力な規制が存在していると日本ではよく紹介される。確かにそれは誤りではないが、しかし日本と共通する側面が多いことも見逃されてはならない。非正規雇用労働者の権利や利益を向上させることは、ドイツの労働組合の大きな課題である。

そうした問題を調べる中で、筆者が新鮮な印象をもったのが、ドイツ最大（世界最大でもある）の労働組合であるIGメタルが、派遣労働に対する規制を呼びかけたある記事で、派遣労働を「非民主的な労働」と形容していることであった。ドイツでも、日本と同じく派遣労働は「低賃金労働」であり、「不安定労働」であるが、そのことを指摘する以前に、何よりもまず派遣労働は「非民主的な労働」、つまり働き方や労働条件への当事者の発言権・決定権が制約された労働のあり方として捉えられていた。

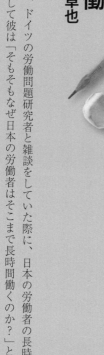

両方のエピソードからおぼろげに見えてくることは、ドイツでは、一種の「感触」、すなわち労働者または労働組合が労働のあり方に対して影響力を実際に及ぼしている、または及ぼしうるはずなのにそれができてない、という「感触」が多くの人に共有されているようだ、ということである。法制度上権利が行使できるようになっているとか、かつての大闘争の遺産が生きているとか、そういうことではなく、いま現在において現実の労働のあり方に当事者が影響を与えうる、という感触である。

ひるがえって、こうした感触の非常に薄いことが、日本の労働問題全般を特徴づけていると思われる。

派遣の勤務条件が当初の約束と異なることを指摘した派遣労働者に対して派遣会社の社員はこう言い放ったという。「うるせえな。おまえ、生意気。何様だと思ってんだ。派遣のクズが」[*1]。また、大学の授業で教員がパートの賃金差別事件について紹介したところ、ある学生から次のような感想が帰ってきたという。「賃金は会社が決めるものでしょう。働き手がいろいろ言うのは変です。会社は慈善事業じゃないですから」[*2]。

こうしたことは、日本の労働現場に異常な権威的関係が確立している、ということを示している。労働のあり方に当事者が影響力を及ぼすことは困難であり、さらに、影響力を及ぼすことを想像することすら困難であるような関係である。

それゆえ、日本ではストライキがきわめて希有な現象になってしまった。ストライキどころか労働組合の存在感からして、弱まる一方である。労働組合が存在しない、または機能していない職場で、職場の問題を批判的に考え合い、そして行動を起こそうという機会をえることは難しい。

そして、すでに成立した労働者派遣法改正（２０１５年）や、これから成立させられようとしている「高度プロフェッショナル制度」や解雇の金銭解決制度は、せめて労働法によって身を守るという労働者の術を大きく奪うものである。つまり権威的関係はいっそう強化されてゆくことが予想される（他方、「働き方改革」として正規―非正規の賃金格差の是正や長時間労働の規制が議論されている。その帰趨はまだ定かではないが、実質的に意味のある規制が実現するためには労働側からの圧力が不可欠である)。

さて、ここで自民党改憲草案を読んでみることにしよう。「労働」にかかわる改正としては、公務員の労働基本権の制限を可能とする条項がある。これはいうまでもなく、公務員の争議禁止規定を合憲とする最高裁判決(1973年全農林警職法事件判決など)の固定化が目的である。

しかし、私たちはさらに、改憲草案が目指している日本社会全体のありようを見なければならない。改憲草案の個々の論点に則した分析は本書所収の諸論文が行っているので、ここではあえて雑駁に論じたい。

改憲草案が追及しているものは何か? それは、ここでもまた権威的関係であると思われる。緊急事態、国民の憲法尊重義務、国旗・国歌尊重義務、「公益及び公の秩序」による基本的人権の制限、「個人として尊重」の削除など、これらに通底するものは、人々が政治のあり方について自主的に考え、議論し、行動し、自から現実政治に関与しようとすることを、できるだけ最小化する、またはコントロールする強い意図である。

そして九条の改変も、日本社会に権威的関係を確立することと不可分の関係にある。戦争は、それに伴う犠牲を当然のものとして受容することを私たちに迫り、そして現在の戦争を正当化するために過去の戦争を美化することを私たちに迫る。九条はこうした権威的な関係から私たちを守る力を持っているのである*3。

政治や社会のあり方を形成しているのは私たち自身であるのに、それを与えられたもの、変えられないものとして受け取らなければならなくなる。私たちは、自民党改憲草案の試みを、そうした権威的関係を強めるさまざまな動きのなかの、重要なひとつとみなすことができるだろう。

2015年の安保関連法案反対運動は、法案成立を阻止することはたしかにできなかったが、私たちは政治や社会のあり方に影響を及ぼすことができるのではないかという「感触」を多くの人々がたしかに実感した出来事であった。

そうした感触の経験の蓄積こそが、さまざまな分野における権威的関係から私たちを解放する、長く曲がりくねってはいるが、しかし確実な道であると思う。

＊1　中沢彰吾『中高年ブラック派遣——人材派遣業界の闇』（講談社、2015年）182頁。
＊2　竹信三恵子『ルポ賃金差別』（筑摩書房、2012年）189頁。
＊3　このことについては、たとえばアレン・ネルソン『戦場で心が壊れて——元海兵隊員の証言』（新日本出版、2006年）を参照。

第5章

家族

誰かとつながりたい個人はどこへ向かうのか

弁護士
弘川欣絵

1　はじめに　家族とはなんだろう

世界人権宣言の一六条三項には「家族は、社会の自然かつ基礎的な集団単位であって、社会及び国の保護を受ける権利を有する。」と規定されている。

弁護士という職業上、私が「家族」を意識するのは、離婚事件よりも外国人事件においてである。日本人と結婚したが、在留資格が無く本国への帰国を強要されるケース、乳幼児を抱えた母親が入国管理局に収容され、乳幼児は施設に預けられるケース、命の危険を感じて本国を逃れ、数年経っても家族を呼び寄せられない難民のケース。

家族離ればなれになりたくなくて長期収容に耐える人たち、悲嘆に暮れる母親たちを見ていると、「家族」としての結合は、私たちが生きる上で必要不可欠な「人権」であると切実に感じる。

「家族」とは多義的な言葉だと思う。しかし、血縁や法的関係にかかわらず、離ればなれになることが人権侵害と言えるような「家族」は確かに存在し、そのような「人と人とのつながりとしての家族」をつないでいる「愛」や「信頼」は、確かに人類の基礎だと思う。家族という言葉が適切ではなくて、より広くて柔軟な言葉が新たに必要なのかもしれない。

私はこの、人の人生にとって最も柔らかくて温かい部分を丁寧にくるんで、国家の恣意的な介入や伝統や世間一般の思い込みから守りたいと切実に思う。

2 現行の憲法二四条はどのようなものか

現行の憲法では、二四条に家族についての規定がある（憲法の条文見出しは法令の一部ではない）。

第24条【家族生活における個人の尊厳と両性の平等】
1 婚姻は、両性の合意のみに基いて成立し、夫婦が同等の権利を有することを基本として、相互の協力により、維持されなければならない。
2 配偶者の選択、財産権、相続、住居の選定、離婚並びに婚姻及び家族に関するその他の事項に関しては、法律は、個人の尊厳と両性の本質的平等に立脚して、制定されなければならない。

世界の憲法を見ると、国家の人口政策のために一人っ子政策など、家族に義務を負わせる規定や、貧困対策のために国家が家族を保護すべきとする規定などいくつかのパターンがある。日本は、ワイマール憲法や戦後のフランスなどと同様、婚姻の自由や夫婦の同等の権利など、「権利」を保障する規定となっている（辻村みよ子によれば、「先進資本主義（社会国家）型憲法」という）。[*1] もっとも、日本の場合、明治憲法下の「家制度」的なものを、現行の憲法でも引き継ぐのか、その是非や可否の議論が続けられてきたという特徴がある。

●憲法二四条はどうやってできたのか？

1945年8月、日本はポツダム宣言を受諾し、連合国軍最高司令官総司令部（GHQ）は、同宣言で要求された「民主主義的傾向の復活強化」「基本的人権の尊重」などを実現するために、政府に対して憲法草案の作成を指示した。しかし、政府案（松本案）は、明治憲法とほとんど変わらない内容で、家族についての規定もなかった（なお、野党・民間でも憲法草案が作られたが、日本社会党案や日本共産党案、憲法研究会の案には、家族や両性平等の規定が置かれていた）。

そこでGHQは政府案への対案（マッカーサー草案）を作成したが、二四条の原型を起草したのは、ベアテ・シロタ・ゴードンだった。ベアテは、当時22歳の女性で、幼少期の約10年を日本で暮らし、日本女性の婚姻や家族の問題に関心を寄せていた。

ベアテの草案には、総論の後に各論として、「妊婦および幼児をもつ母親に対する国の保護」「婚外子（非嫡出子）に対する法的差別の禁止と婚外子の権利の保障」「長男の権利の廃止」「児童の医療の無償」なども起草された。しかし、各論については社会保障の詳細な規定は法律によるべきという反対意見があり、結局総論のみが残され、マッカーサー草案は以下のとおりになった。

「家庭は、人類社会の基礎であり、その伝統は善きにつけ悪しきにつけ国全体に浸透する。婚姻は、両性が法律的にも社会的にも平等であることは争うべからざるものである（との考え）に基礎を置き、親の強制ではなく相互の合意にもとづき、かつ男性の支配ではなく（両性の）協力により、維持されなければならない。これらの原理に反する法律は廃止され、それに代わって、配偶者の選択、財産権、相続、本居の選択、離婚並びに婚姻及び家族に関するその他の事項を、個人の尊厳と両性の本質的平等の見地に立って規制する法律が制定されるべきである。」

帝国議会での審議では、保守派の議員から「家制度の廃止が天皇を頂点とする国体全体の否定になるのではないか」との意見が出され、貴族院で、保守派から「家族生活はこれを尊重する」という一文を追加する修正案が提出されたが否決された。

ベアテは、1990年代になって、日本国憲法の起草に関わったことについて重い口を開き、「私は（憲法草案制定会議において）『アメリカの憲法には女性という言葉が一項も書いてありません。しかし、ヨーロッパの憲法には、女性の基本的な権利と社会福祉の権利が詳しく書いてあります』と答えました。私はこの権利のために闘いました。」と振り返っている。[*2] 確かに、2012年5月3日付朝日新聞の記事によれば、日本国憲法制定当時、女性の権利を規定した憲法は、世界においてわずか35％で、現在もアメリカの憲法には規定がない。

●家制度とはどんなものだったか

憲法二四条の趣旨は、一義的には家制度の解体であった。したがって、家制度について少し詳しく見ていきたい。

(ア) 民法上の家制度

1871年、明治政府は徴兵・徴税制度を確立し、社会の治安を保つために、国民の現状を把握し、統率する必要があったため、戸籍法を制定した。そして、1898年に明治民法が制定され、戸籍制度における「戸」が「家」として再構成され、家制度が誕生した。

戸主は「家」の統率者であり、家族を扶養する義務を負う一方、家族の居住指定権を有し、家族の婚姻や養子縁組については戸主の同意がなければ行うことができなかった。

夫婦の関係においても、夫が生活費を負担し、夫婦の財産を管理し、住居を選定し、子に対する親権を持っていた。妻は「無能力者」とされて単独で契約などの法律行為をすることができなかった。妻は厳格な貞操義務が課され、不貞行為は離婚原因とされ、姦通罪として処罰された。一方、夫は、他の男性の妻と不貞行為をして初めて姦通罪が成立し（独身女性との不貞は罪にならなかった）、強姦など姦淫罪で「処罰」されたときのみ離婚原因となった。

親子の関係では、子は親に服従し、成人後は、自分の配偶者や子よりも親を優先的に扶養する義務を負わされていた。戸主が死んだ場合は、長子相続制（男子優先、嫡出子優先、年長者優先による単独相続）により家督相続され、戸主の地位は家督相続人に継承された。

(イ) 家制度の下での女性たちの苦悩

2014年5月9日付読売新聞の記事によれば、100年続く読売新聞の「人生案内」の連載で、回答者の河崎ナツは、1946年の民法改正の審議会でこう述べている。「今までたくさんの身の上相談を受け、7万通も手紙を受け取った。その9割は女性。ぶつかる問題は家族制度からくる、女の生活のやりようのない悲惨な暮らしばかり……みな家族制度から由来することであります」。「人生案内」に寄せられたのは、「夫と死別したが財産を相続できず、夫の弟との結婚を迫られ、断れば子どもを置いて離籍すると言われ、夫の弟と再婚した」というもの、「父親の借金のために『貞操を貨幣に代える』しかなく、暗い職業に身を投じ、家の生活のために恋人との結婚が許されなかった」など、家に縛られ、自由に人生を生きられない苦悩の相談であった。

2016年にヒットした映画『この世界の片隅に』では、主人公のすずの父親が、すずの縁談の話を「ええ話じゃったけ受けといたったで」と勝手に決めるシーンがあった。夫の周作がいい人だったから良かったものの、ひどい夫だったらその後のすずの人生は苦悩に満ちたものだったはずである。

(ウ) 民法改正と家制度の解体

憲法二四条が制定されたことで、民法の改正審議が始まり、民法学者の我妻栄らの尽力により、家制度の根幹である戸主権、家督相続が廃止され、夫婦共同の親権や離婚の際の財産分与請求権、配偶者の相続権などが規定されるに至った。

●その後も、憲法二四条の改正の議論は続く

憲法二四条の制定によって家制度は解体されたが、1950年代には早くも復古主義的な改正論が主張されるようになった。

1954年に公表された自由党の「日本国憲法改正要綱案」には、「旧来の封建的家族制度の復活は否定するが夫婦親子を中心とする血族的共同体を保護尊重し、親の子に対する扶養および教育の義務、子の親に対する孝養の義務を規定する」などと記された。1964年の憲法調査会の報告書では、「第二四条が個人の尊厳と両性の平等を強調するあまり、家族間、とくに親子・夫婦間の親和・敬愛・協力の観念が軽視され、日本古来の家族制度の伝統が失われ、また種々の社会問題も生じている」と記された。1972年の自民党憲法調査会報告書には「家庭は、祖先から受けて子孫に伝承すべき人間の生命を育てる礎石であり、また社会の基底であることにかんがみ、国は家庭を保障することを規定する」と記された。

1990年代になると、憲法二四条の理念をより実現するための民法改正作業（選択的夫婦別姓の導入、婚外子の相続分平等化、再婚禁止期間の100日への短縮など）が進められたが、日本会議（憲法改正を目指す最大の保守団体）やその前身の団体等によって激しい反対運動が展開され、国会への法案提出に至らなかった。

2004年の自民党憲法調査会憲法改正プロジェクトチーム「論点整理」では、憲法二四条の「改正のポイント」は、「家庭は、一番身近な〈小さな公共〉」「国家は、みんなで支える大きな〈公共〉」「日本古来の伝統・文化を尊重する責務を憲法に明記すべき」とされた。

2005年に公表された自民党改憲草案は、二四条自体の改正案は無かったが、条文見出しは「家族生活における個人の尊厳と両性の平等」から「婚姻及び家族に関する基本原則」に変更された。同年の衆議院の憲法調査会では、「顕在化している社会問題を解決するために、社会の基礎としての家族・家庭の重要性を再認識し、家庭における相互扶助、家庭教育等の家族・家庭が果たしてきた機能を再構築する必要がある」「二四条が行きすぎた個人主義の風潮を生んでいる側面は否定できない」「国家権力と個人が対立するという西欧の人権観や家族観は、個人より家族・家庭や共同体を重視する日本やアジアには適合しない」、同年の参議院の憲法調査会では、「憲法が……国民の利益、ひいては国益を守り増進させるための公私の役割分担を定め」るべきといった意見が出された。

また、前述した改憲派の保守団体である日本会議のHPには、現行憲法の問題点として「家族制度の軽視」を挙げている。

3　2012年自民党改憲草案

2012年に公表された自民党改憲草案二四条は以下のとおりである。

第二四条　（家族、婚姻等に関する基本原則）
1　家族は、社会の自然かつ基礎的な単位として、尊重される。家族は、互いに助け合わなければならない。
2　婚姻は、両性の合意に基づいて成立し、夫婦が同等の権利を有することを基本として、相互の協力により、維持されなければならない。
3　家族、扶養、後見、婚姻及び離婚、財産権、相続並びに親族に関するその他の事項に関しては、法律は、個人の尊厳と両性の本質的平等に立脚して、制定されなければならない。

●条文見出し

まず、2005年の自民党改憲草案と同様、条文見出しから「個人の尊厳」「両性の平等」が消えている。

●「家族の尊重」と「家族の助け合い義務」

一項で「家族の尊重」と「家族の助け合い義務」の規定を新設している。

自民党は、「家族は、社会の極めて重要な存在」として、「昨今、家族の絆が薄くなってきている」ために規定したと説明し、「家族の在り方に関する一般論を訓示規定として定めたもの」であって、家族の形に国家が介入することの危険性を否定している（自民党「日本国憲法改正草案Q＆A（増補版）」）。

●婚姻の自由と家族に関する法律事項

二項の婚姻の規定が、現行の「婚姻は、両性の合意のみに基づいて成立」から「のみ」が削除されている。

三項では、個人の尊厳と両性の本質的平等に立脚して定めなければならない家族に関する法律事項から「配偶者の選択」「住居の選定」が削除され、「扶養」「後見」「親族」が追加されている。

4　改憲されたらどうなるか

●家族主義により国家主義が築かれる

　これまで述べたとおり、現行の憲法24条は家制度の解体を意味するものだった。自民党改憲草案は、これに対抗する復古主義的、家制度的な家族の復活を目指す流れを汲む。そして、「家制度」は単に戸主を中心に家族間の序列や関係を規律するものではなく、後述するように家族国家観に基づいて国家主義・軍国主義の実現に利用された歴史があり、自民党改憲草案の狙いも、国家主義の実現にあると考えられる。

(ア)　教育勅語と家族国家観

　明治憲法下では1890年に、学校教育の基本理念として教育勅語が発布された。これは、親孝行の徳目など、部分的には普遍的な理念を掲げたものに見えるが、「朕惟ふに」で始まる天皇から臣民への命令書で、「天皇制の永続的発展に奉仕する臣民の特性として」、孝行、友愛、夫婦の和、朋友の信、そして「一旦緩急あれば義勇公に奉じ以て天壌無窮の皇運を扶翼すべし」と説くものであった。発布後、全国の学校に配布され、学校儀式などで奉読されたが、次第に、「家族国家」が強調され、父母に対する「孝」と「一旦緩急あれば～」で表される君主への「忠」の徳目が、いっそう連結するものとして説かれるようになった（忠孝一本）。

(イ) 臣民は天皇の赤子

政府が「国体（国のあり方）」について説いた解説書である『国体の本義』（1937年文部省刊行）には、「我が国は一大家族国家であって、皇室は臣民の宗家にましまし、国家生活の中心であらせられる。臣民は祖先に対する敬慕の情をもって、宗家たる皇室を崇敬し奉り、天皇は臣民を赤子として愛おしみたまうのである」と書かれ、同じく、政府の国体の解説書で、教育勅語の解説書でもあった『臣民の道』（1941年文部省刊行）には、「家長と家族、親と子、夫と妻、兄弟姉妹、各々その分があり、整然たる秩序が存すると共に、亡き祖先もいますがごとくに祭られ、生まれ出づる子孫も将来の家族として家の永遠性の中に想念せられ、ここに祖孫一体の実が挙げられる。さらに我が国の家は、国に繋がるのをその本質とする。……我が国が家族国家であるというのは家が集まって国を形成するというのではなく、国即家であることを意味し、しかして個々の家は国を本として存立するのである。」と書かれた。

1930年代になると、治安維持法体制下で教育勅語は極端に神聖化され、児童・生徒に対しては全文暗唱が求められ、その文脈の中で「家族国家観」が刷り込まれていった。すなわち、家制度の下、家族は家長（戸主）を中心に、それぞれの立場、「分」をわきまえて行動するものとして、法的にも慣習的にも家族内を家長に統制させ、教育という名の思想統制で、天皇を家長として敬わせ、国家を統制したのである。「家族を大切に」という抗えない道徳が政治的に利用され、国家主義・

全体主義が実現されたのである。

㈦ 今後、国家主義的な思想統制が強化されていく

本来、国家の教育への過度の介入は教育の自由、とりわけ子どもの学習権（憲法二六条）に反し、許されないはずだが、教師に対する「日の丸・君が代」の強制や、２００６年の教育基本法の改正（愛国心や国家の形成者としての人材育成が教育の目標とされた）など、介入の動きは強まる一方である。

現在、文科省によって道徳の教科化が進められ、小学校は２０１８年から、中学校は２０１９年から授業が実施されるが、家族の尊重や愛国心の規定が憲法に入れば、「家制度」的な慣習の刷り込みとともに愛国心の強制・誘導がされるだろう。ひとたび愛国心と家族の尊重が同じ物語の中で語られるようになれば、家族主義は国家主義の下支えとなり、あっという間に、私たちは「一旦緩急あれば義勇公に奉じ以て天壌無窮の皇運を扶翼すべし」臣民とされてしまうだろう。改憲派である現在の政府に国家主義の実現というもくろみがあることは、教育勅語が１９４８年に衆議院で排除決議、参議院で失効決議が出されているにもかかわらず、「教材として用いることまでは否定されることではない」と答弁したり（２０１７年３月閣議決定）、改憲派の保守的な政治家の多くが教育勅語を暗唱させる幼稚園や小学校を強力に支援していたことからも明らかである。

㈣ 家庭教育への国家の介入

２００６年の教育基本法改正で、家庭教育条項が新設され、「保護者は子の教育について第一義的責任を有する」と規定された。また一九三回国会では同内容の家庭教育支援法案が提出されてい

る（2017年5月時点）。家族の尊重や愛国心の規定が憲法に入れば、国家主義的な教育は、学校だけでなく家庭で、しかも親の手によって施されることを強いられる可能性がある。

憲法24条の改正と家庭教育支援法がセットで実現されれば、「母親の手によって」国家に役立つ人材育成のための「しつけ」を強要される。さらに家庭教育支援の名目で、各家庭に教育に関するパンフレットが配布され、公金で講演会が実施され、子どもだけではなく各家庭・地域に「国家に役立つ人材であれ」という国民道徳教育は入り込み、浸透していくだろう。

●「家制度」的な慣習がさらに続く

(ア) 熾烈な家事事件

弁護士が取り組む家事事件の多くは離婚と相続である。これらの家族の争いには濃淡はあるが、家制度的な慣習に従うべきとする側と、現行の民法の規定に従うべきとする側の対立であることが多い。それは、「親の死後、親の全財産を長男に相続させる旨の遺言が見つかり、他の兄弟が遺留分減殺請求権を行使する」という形で表れたり、「離婚の際の子どもの親権争い」という形で表れたりする。親権争いで、育児のほぼ全てを担ってきた妻が子どもを連れて実家に帰ったケースでは、夫自身は自分で監護することは現実的に不可能であることを分かっていても、夫の両親が「息子は長男だから」と親権に固執することはよくある。「家族の尊重」が強調されれば、家制度的な慣習が

「良いもの」として強調され、さらに次世代に継承され現行の民法との乖離が大きくなり、ますます同種の争いは増えるだろう。

(イ) 今でも結婚したら96％が夫の氏に

慣習を意識することなく子ども時代を過ごしたとしても、結婚によって家族が再構成されるとき、「家制度」的な慣習にぶつかることは多い。恋愛は個人同士の出来事だが、結婚式には「○○家」と札が立てられ、招待状の差出人は両親の名となる。

とりわけ深刻なのが、夫婦、いずれの氏を名乗るかという問題である。民法七五〇条では、「夫婦は、婚姻の際に定めるところに従い、夫又は妻の氏を称する。」と規定され、夫婦は同姓でなければならない。この規定自体は、夫の氏を強制しているわけではないが、「長男だから」「男性だから」という理由で、現在においても96％を超える夫婦が夫の氏を名乗っている。

私の周囲にも「本当は氏を変えたくない」と悩む女性が多くいるが、結局は夫の氏にするのが大半だ。職業上、権利意識が高いとみられる弁護士も、戸籍上は夫の氏としながら、旧姓を通称にする人が多い。だが、本名を変えたことに変わりはなく、しかも通称が使用可能な範囲は限定されており、免許証や印鑑登録証やパスポート、保険証などは通称では作れない。免許証などで本人確認する必要があるもの（DVDレンタルのカードや銀行口座の開設、不動産取引など）も通称ではできない。

本来、名前を名乗ることはアイデンティティに関わる重要な人権である。女性差別撤廃条約には「自由かつ完全な合意のみにより婚姻をする同一の権利」（一六条一項(b)）、「夫及び妻の同一の個人的権利（姓及び職業を選択する権利を含む。）」（同項(g)）と規定され、女性差別撤廃委員会は、過去3回にわたって、日本の夫婦同姓制度を「差別的な規定」と批判し、国内法を整備するべきだと勧告している。

しかし、夫婦同姓制度の違憲訴訟で、2015年12月16日、最高裁は、「家族は社会の自然かつ基礎的な集団的単位であるから、その呼称を一つに定めることにも合理性が認められる」「夫婦が同一の氏を称することは、上記の家族という一つの集団を構成する一員であることを、対外的に公示し、識別する機能を有している。」「夫婦がいずれの氏を称するかは、夫婦となろうとする者の間の協議による自由な選択に委ねられている。」「通称使用が広まることにより一定程度は緩和され得るものである。」などと述べて、原告らの請求を退けた。家制度の名残は、最高裁によってお墨付きを与えられ、女性達の人格権の救済は遠のいた。

改憲派は、選択的夫婦別姓を「家族の解体」につながるものとして異様なまでに敵視している。彼らの思惑通りに改憲されれば、二度と選択的夫婦別姓は実現しないだろう。

●社会福祉施策の肩代わりをさせられる

家族の助け合いの義務化は、本来政府が担わなければならない社会福祉施策の削減と、その家族の肩代わりを意味する。非正規雇用が拡大し貧困世帯が増加している現状で、社会福祉施策が減少され、家族の負担が増加すれば、さらに貧困化が進むことになる。

(ア) 生活保護が受けられない？

例えば現行の生活保護法は、「民法で定める扶養義務者の扶養は保護に優先して行われるものとする」（四条二項）と規定している。この扶養義務者の扶養はあくまで「優先事項」に過ぎず、扶養調査はされるが、扶養義務者が「扶養できない」と回答すれば調査は終了する。また、配偶者のＤＶから逃げてきたような場合は、扶養調査の過程で、ＤＶ行為者に直接連絡されて、本人の居場所が分かってしまうということはない。

生活保護法以前の救護法（旧生活保護法施行とともに廃止）では、扶養義務者の扶養が保護の「要件」とされ、扶養義務者がいる以上、その者が現実に扶養しなくても保護を受けることはできなかった。そして、その趣旨は、扶養義務者がいるのに国が救護してしまうと家族制度が崩れるという点、まさに「家族の尊重」にあった。

既に、２０１３年、扶養義務者の収入・資産についての福祉事務所の調査権限が強化されており、扶養義務者の義務の強化の流れは始まっている。二四条が改正されれば、救護法上の扶養義務的なものが復活する可能性がある。

(イ) 民法上の親族間の扶養義務の強化

現行民法は、「直系血族及び同居の親族は、互いに扶け合わなければならない」と規定し（七三〇条）、親族について、６親等内の血族、配偶者、３親等内の姻族を指すと規定している（七二五条）。

この規定の法的性質については、旧来の家制度の存置につながるなどの理由から法的義務ではなく倫理的規定にとどまるとの学説が多数説である。その他、民法は「直系血族及び兄弟姉妹は、互いに扶養する義務がある」と規定しているが（八七七条）、生活保持義務（自分と同じ程度の生活をさせる義務）を負うのは、配偶者や未成年の子に対してだけである。

「家族の助け合いの義務」が憲法に規定され、家族に関する法律事項に「扶養」が付加されれば、扶養すべき親族の対象が拡大し、扶養義務の内容が強化される可能性がある。

(ウ) 福祉施策の後退と家族の自己責任

２０１６年に「保育園落ちた日本死ね」との匿名ブログが話題となり、待機児童問題の深刻さが明るみになったが、２０１７年においても、関東１都３県の保育園不足が深刻な自治体では、入園の希望者のうち３人に１人が保育園に落ちたとの統計があり（ＪＮＮ独自集計）、状況は改善されていない。さらに、保育園に入れる見込みがなくて、申し込みすらしていない場合も多く、潜在的待機児童は全国で数十万人いるとも言われている。これらを解決するためには保育園不足の解消や保育士の待遇改善が必須である。厚生労働省の平成28年賃金構造基本統計調査によれば、全産業の平均給与は約30万円であるが、保育士は平均約22万円であり、保育士が不足するのは当然である。「家族の助け合い義務」が規定されれば、保育園に入れなければ、母親が仕事を辞めるか民間の育児サービスを利用するほかなく、家族、特に母親の負担は増大する一方である。

しょうがい者や高齢者の福祉の問題も同様である。「家族の助け合い義務」が新設されれば家族に過度な負担が行き、介護士等の待遇は改善されず、しょうがい者が自立した存在として社会で生きていく施策を弱める根拠とされかねない。

日本の子どもの貧困は6人に1人と言われ、厚生労働省の報告では2007年のひとり親家庭の貧困率は54％で、OECD加盟国中で最低である。子ども虐待報告件数は10年間で2・7倍に増えている。子ども虐待は貧困層だけに生じるわけではないが、貧困・生活困難者層にその比率が高く、問題が深刻化しやすい。子どもを保護するためには、家族への介入と支援、さらに反貧困政策の実施が必要である。「家族の尊重」が強調されれば、家族への介入はますます困難となり、子どもの虐待は見えにくくなり、「家族の助け合い義務」の下、福祉は届かず、悲劇が起こった末に虐待は親のみの自己責任とされ、厳罰を科され、切り捨てられるだろう。

●男女の役割がさらに固定化される社会へ

2016年、世界経済フォーラムが各国の男女格差を図るジェンダーギャップ指数を発表した。日本の順位は、144カ国中111位で過去最低の水準となった。同指数は経済、教育、政治、健康の4分野で分析するが、「経済」は118位、「政治」は103位だった。「経済」が低順位なのは男女の所得格差が大きいことが要因である。女性はパートタイム、非正規雇用が多い。また企業幹部が少ない。「政治」が低いのは女性の政治家が少ないからである。

１９６０年代以降、日本は高度経済成長をし、核家族において「男は仕事、女は家庭」という性別役割分業を行ってきた。家庭の中で女性が家事・育児・介護などを担うことで、政府は福祉予算を節減でき、経済効率を優先できた。その後、少子高齢化や女性の社会進出が進み、男女雇用機会均等法（１９８６年）や男女共同参画社会基本法（１９９９年）が成立した。男女が社会の対等な構成員としてあらゆる活動に参画する機会が確保される社会実現が目標とされ、保育所や高齢者施設の増設、育児・介護休業の充実などが不可欠となった。しかし、女性の社会進出は増加したものの、男性の働き方や意識変革は進まず、結局、家庭内の男女の役割は固定化されたままだった。育児や介護の負担については様々な施策により軽減されたものの、女性は仕事に加えて、家事・育児・介護の役割、責任を一方的に担うことは変わらなかった。ジェンダーギャップ１１１位はその表れである。

このような現状で、「家族の助け合い義務」によって福祉施策が後退すれば、女性の家庭内の負担がますます増加し、女性の社会での自己実現を選択する機会が失われていく。

また、親学（日本会議がその普及に努め、安倍首相がその推進議員連盟の会長に就いている）の推進協会のＨＰでは、「親学ステップアップ」というコーナーで、「核家族化で祖父母のいない家庭での育児は母親に大きな負担を与えます。だからといって、父親が母親に代わって赤ちゃんの面倒を全部みるのもよくありません。赤ちゃんにとって最も大切なのは自分を産んだ母親なのです。」と記されている。改憲派の主張する「家族の助け合い」とは、女性の家庭での役割を固定化し、強化するものであることは明らかである。

●家族間の暴力が深刻になる

(ア)　ＤＶ等の家族間の暴力が覆い隠される

２０１１年の内閣府による「男女間における暴力に関する調査」によると、女性の回答者の32・９％が、配偶者（法律婚、事実婚、別居中の配偶者および元配偶者）から「身体的暴力」「心理的暴力」「性的強要」のいずれかの暴力を経験したことがあると答えている。

このような状況で、「家族の尊重」が強調されれば、暴力から救済されるべき被害者が、家族の絆を壊したと批判されるべき対象にされかねない。被害者はより大きな心理的圧迫を受け、被害者救済の各種制度へのアクセスを躊躇することになり、家族間の暴力から逃げることができなくなる。

(イ)　介護疲れなどの動機で親族間の殺人が増加している

法務省法務総合研究所研究部報告50（２０１３年）によると、殺人事件の動向は、２００４年以降、親族以外の面識者に対する事件よりも、親族に対する事件が多くなっている（２０１１年の親族率は52・２％）。親族間の殺人の動機は「憤まん・激情（32％）」「介護・養育疲れ（27％）」「心中企図（７％）」「痴情・異性間トラブル（７％）」「被害者の暴力等の対抗（４％）」「虐待・折かん（３％）」と続く。

２０１５年12月７日付毎日新聞によると、介護・看病疲れによる殺人事件（未遂含む）は２００７

年から14年までの8年間で371件発生し、年平均46件、8日に1件のペースで起きている。他に自殺や無理心中で亡くなった人は14年までの8年間で2272件に上る。また、認知症の母親の介護のために会社を辞めて収入が途絶え、母親を殺害した2006年の事件は記憶に新しい（加害者は執行猶予判決後、自殺した）。

家族ではどうにもならない問題を、「家族の助け合い義務」によって、さらに家族で解決するよう追い詰めれば、結局、その家族は崩壊してしまう。

●多様なライフスタイル・家族の在り方が否定される

自民党改憲草案が尊重する「家族」は、法律婚をした両親と子がいて、祖父母も含めて関係が良好で助け合えるような家族像を想定している。しかし、2010年の国勢調査では単身世帯が32・4％を占め、それ以外にも同性婚、事実婚、非婚で出産、LGBTカップルなど家族の形態は多種多様に広がっているし、親子、血縁関係だからといって皆が関係が良好なわけではない。

家族の在り方は、人の生き方やアイデンティティに関わる最も根源的な問題であり、国家が強制したり誘導したりしたところで変えられるものではなく、生きづらさを増加させ、標準家族から外れる人々に対する制度的差別を生むだけである。

(ア) かつて婚外子は相続で差別されていた

かつて民法九〇〇条四項但書では、法定相続分について婚外子は嫡出子の相続分の二分の一とされていた。この規定が憲法の平等権（一四条）などに反すると訴えた訴訟で、2013年9月4日、最高裁は「家族という共同体の中における個人の尊重がより明確に認識されてきたことは明らかであるといえる。」「子にとっては自ら選択ないし修正する余地のない事柄を理由としてその子に不利益を及ぼすことは許されず、子を個人として尊重し、その権利を保障すべき」として、憲法一四条違反の決定を下した。これに基づき、婚外子差別の相続規定は削除された。

もっとも、かつて最高裁は1995年に同規定について合憲判断をしている。その理由は「法律婚主義を採用した結果として、婚姻関係から出生した嫡出子と婚外子の関係から出生した非嫡出子との区別が生じ」てもやむを得ないというものだった。つまり、「法律婚」を尊重する目的のために、法律婚の構成員以外の者を差別することも許されるとし、2013年の最高裁もこの点を判例変更するには至っていない。「家族の尊重」の規定が入れば、今後も標準家族から外れる人々を「家族の尊重」を理由に差別する制度は作られるだろう。

(イ)　寡婦（夫）控除による「非婚のひとり親」差別

所得税法八一条一項は、「居住者が寡婦又は寡夫である場合には、その者のその年分の総所得金額、退職所得金額又は山林所得金額から27万円を控除する。」と定める。そしてこの寡婦（夫）とは、配偶者との死別や離婚後に婚姻していない者を言い、つまり法律婚を経ていることが要件とされる。本来、寡婦（夫）控除制度の目的は、経済力の弱い者の保護にあるはずだが、統計的に見て母子世帯の中でも最低収入の非婚母子世帯が保護されていないのである。これも明らかに法律婚を尊重し、優遇する制度の一つであり、非婚のひとり親とその子どもへの差別である。

(ウ) 三世代同居に対する税制上の軽減措置

2016年、少子化対策として、三世代同居のための改修工事をおこなった場合、所得税や相続税を軽減するという税制改正が行われた。三世代同居となる場合、96%の妻が夫の氏を名乗っている現状からすれば大半が妻が夫の両親と同居することになる。「家制度」を前提にしなければ、妻にとって義父母は他人にすぎない。このような三世代同居に対する優遇措置は、少子化対策に効果がないばかりか、妻に対する三世代同居への圧力を生む。

この他にも、政府は少子化対策として、「30代前半までの妊娠・出産が望ましい」などと記載した「女性手帳」を配布しようとしたり、婚活メンター(既婚の従業員が社内の独身の従業員の婚活支援をする)を提言案に盛りこむなど、女性のライフスタイルへの国家介入に余念がない。「家族の尊重」が規定されれば、さらに「ハラスメント」が横行し、女性だけでなく法律婚や妊娠を望まない・望めない人たちにとって、生きづらさは増すだろう。

5 おわりに

今も昔も、家族の問題はＤＶや児童虐待にとどまらない。離婚や相続など家族間の争いは後を絶たず、多くの人が家族関係に起因するメンタルヘルスの不調や何らかの自己不全感を抱えている。これらは決して、家族の絆が弱まるから発生するのではない。男らしさ、女らしさ、母親らしさ、子どもらしさなど、様々な立場として要求される行動や思考がストレスを生み、支配・被支配の立場から抜け出すことを困難にする。家制度の残影と核家族化・少子化の流れの狭間で、あるべき立場と自分の本意が引き裂かれていく。国家が「家制度」をいたずらに振り回せば問題は深刻化するだけであるし、自分の本意を捨てて国家の望む「家族」を受け入れるなら、その先にあるのは私的領域をも管理統制された国家主義的社会である。

人が様々な「立場」を脱ぎ捨てた時、そこに残るのは利己主義的な個人だろうか。私たちは、生まれた瞬間から他人の助けなしには生きられない。経済の営みは一人ではできないし、喜びや楽しみのために他人との交わりを欲するだろう。「立場」に依拠することなく、個人として交わり続けるためには、決して利己主義ではいられず、民主的な話し合いを重ねていくことになる。

それが、人によっては法律婚の両親と子の、いわゆる「家族」だったり、事実婚やＬＧＢＴカップルだったりする。さらに言えば、生きていくために必要な他人との交わりには、性的関係が介在する必要も、同居の必要もなく、一つの集団に限定されたり、全てが同じ濃淡である必要も、永続性をめざすものである必要もないだろう。

個人の尊厳（憲法一三条）にいう「個人」とは、「孤立した個人、ないし、他者との結びつき・関係が途絶された個人」を意味するのではなく、「他者とのかかわり、交わりの可能性を否定されない存在としての個人」を意味する。*3 誰かとつながりたい「個人」の尊重とは、その自主的で主体的なつながり・集団を尊重するということだ。仮に、改憲派が求める標準家族と個人の望むつながりが形式的に一致したとしても、「立場」に依拠せず、個人として民主的な話し合いを重ねていくからこそ、信頼と情愛に満ちた、引き裂かれれば人格的生存が不可欠となるような、かけがえのない「家族」になっていく。国家の家族への介入は、このような「家族」形成のチャンスを奪うものである。

私たちは、自分らしく日々を生きるために、そして、かけがえのない様々なつながりや愛する家族のためにこそ、憲法二四条の改正を決して許してはならないと思う。

*1　辻村みよ子『憲法と家族』（日本加除出版株式会社、2016年）。
*2　ベアテ・シロタ・ゴードン、平岡磨紀子『1945年のクリスマス――日本国憲法に「男女平等」を書いた女性の自伝』（朝日新聞出版、2016年）。
*3　竹中勲「親密な人的結合の自由」法学教室176号（1995年）。

オピニオン

カヤマさん、〝違憲の人〟となる

香山リカ

もしもいまの憲法が、自民党の草案通りに変わったらどうなるのだろう。

ここで、「カヤマリカさん（56歳、女性）」を取り上げながら考えてみよう。

カヤマさんは学校を出てから医者として病院に勤めながら、ときどき雑誌や新聞に原稿を書く仕事もしている。臨床の現場では、働きすぎからうつ病になる人、外国人として差別されたことがトラウマとなって苦しむ人などを診る機会もあるので、いまの社会状況のことがどうしても気になる。そのため、執筆する原稿はいきおい体制や権力をウォッチしてもの申す、というトーンになりがちだ。

私生活では、カヤマさんはシングルとして暮らしている。子どもはいない。家庭生活へのあこがれがなかったわけではないが、仕事に追われたりタイミングを逸したりしているうちに、なんとなくこうなってしまった。100％満足というわけではないが、「まあこういう生き方もあるか」と思っている。将来はニュージーランドあたりに移住して、のんびり暮らすのも悪くないか、と考えることもある。

そんなカヤマさんが暮らすニッポンで憲法が変わった。

第九条の変更により自衛隊が「国防軍」となったが、「まあ、自衛隊はもともと軍隊みたいなものだったし」と思ってあまり気にしないことにした。あとは細かい変更にすぎない、という話も聞いたので、すぐには自分の生活には影響はないだろう。そう考えていたのだ。

元気に働いていたカヤマさんだったが、さすがに年齢には勝てず、ちょっとした病気になって手術を受けることになった。まわりには誰も頼れそうな人がいない。カヤマさんは何か使える制度がないかと思って、役所の介護保険課に相談した。

「あのー、私がかかった病気は加齢が原因の特定疾患に入っていると思うのですが、少し早いけど介護保険、使えますよね？」

するると、担当者は首を横に振った。

「むずかしいですね。いまはその制度、ほとんど適用されないですよ。」

「へ⁉」とカヤマさんは大声を出してしまった。「40歳からずっと介護保険払ってるんですよ？　私の場合、手術すると日常生活もかなり制限されるので、ヘルパーをお願いしたいのですが……。」

厄介なクレーマーだと思ったのか、担当者が奥に下がり、かわりに課長と名乗る恰幅のいい男性が出てきた。

「あのですね、憲法が変わったのはご存じですよね。あなた第二四条、知ってますか。」

カヤマさんは高校のときに「現代社会」で習ったことを必死に思い出して答えた。

「婚姻は両性の合意のみに基づいて成立し夫婦が同等の権利を有する……ってやつですよね。私、結婚してないんですよ。でも介護保険と結婚が何か関係あるんですか。」

すると、課長は「はー」とやや大げさなため息をついた。

「まずね、新憲法では『両性の合意のみに』じゃなくて『両性の合意に』ってなったんです。ほら、『のみ』があると親や親戚が反対しても結婚しちゃう不届き者がいるからね。でも、私が言いたいのはそっちじゃなくて、新しく加わった第1項ね。『家族は社会の自然かつ基礎的な単位として尊重される。家族は互いに助け合わなければならない』というの、あなた知らないんですか？」

カヤマさんは「新憲法には家族の大切さも書かれている」とは知っており、ぼんやりと「ま、それはいいんじゃない？」と思っていたから、それがどうしていまの状況と関係してくるのか、まだわからなかった。口ごもっていると課長がやや語気を荒げながら言った。

「あなたね、たいした病気じゃないでしょ。だとしたら憲法にある通り、家族で助け合ってくださいよ。なんか独身でひとり暮らしだそうですが、それは自己責任。今さら役所に泣きつかないでほしいですね。それ、違憲ですよ。」

——え、私が〝違憲の人〟？　勝ち誇ったような課長の言葉にショックを受けつつ、カヤマさんは役所をあとにした。新憲法第二四条に新しく加わった「家族」の条項は、その絆や結びつきより「家族は互いに助け合わなければならない」と自助の義務に重きを置くためのものだった、なんて……。

それでも予定通り、カヤマさんは手術を受けた。それまで通りには働けなくなったので、家でもできる執筆の仕事に力を入れることにしたカヤマさんは、「新しい憲法はシングルで生きてきた人間を見捨てるのか」「結婚にさえ、ほかの親族などの意思が介入しようとしているのではないか」といった内容のエッセイを書いて、連載を持つ雑誌に発表した。

その雑誌が店頭に並んだ頃、編集長から一本のメールが来た。そこには「連載は今号をもって終了」と書かれていた。発行部数も多く原稿料も良いその雑誌はカヤマさんにとって大切な収入源であり主張の場であったので、あわてて電話するといつもはやさしい編集長が厳しい口調で言った。

「あーカヤマさん、いままでお世話になってきたあなたに言うのは申しわけないんだけど、やっぱりほら、憲法が変わったんだからそれを踏まえて書いてくれないと。『国民に保障する自由及び権利』の第一二条ね、これまでは『常に公共の福祉のためにこれを利用する責任を負う』だったけど、新憲法には『自由及び権利には責任及び義務が伴うことを自覚し、常に公益及び公の秩序に反してはならない』ってはっきり書かれてるんだよね。」

カヤマさんは食い下がった。

「それと私のエッセイと何か関係あるんですか？」

すると、編集長は電話の向こうでもはっきりひとを小バカにしたとわかるような笑いを「ふふ」と漏らしてこう言ったのだ。

「あなたの原稿。新憲法批判、つまりいまの政権批判そのものでしょ？　あれこそ『公益及び公の秩序を乱す』ってことじゃないの。ウチの雑誌もこれからは政治家のセンセイなんかにもどんどん登場してもらって、もっと権威ある誌面構成にしていこうとしてるんだよね。それなのに、憲法にケチをつけて『公益及び公の秩序』を乱すテロリストのようなライターに仕事頼んでるってわかったら、こっちの立場もないでしょう。」
テ、テロリスト……。
カヤマさんは自分が病気になった経験から、「これでいいの？新憲法」という生活感覚に根差したエッセイを書いただけだったのに、テロリスト呼ばわりされたことに驚き、これからの生活を思って途方に暮れた。からだも動かず、雑誌連載も打ち切りとなり、カヤマさんの生活は厳しくなっていった。何度か役所にも相談したが、「家族でなんとかして」と繰り返されるばかり。

最近は食事も満足に摂れず、なんだか頭もぼーっとする。ベッドに横になり、意識ももうろうとする中で、カヤマさんは中学時代の夢を見た。そこに社会科の先生が出てきて言った。

「いいか、日本の憲法の第九七条には『日本国民に保障する基本的人権は、人類の多年にわたる自由獲得の努力の成果……』という一文がある。中学生のみんなにはまだむずかしいかもしれないが、これからの人生、どうにもならなくなったときにはまわりに言うんだ。『私にも基本的人権がある！　生きる権利があって、それは憲法で保障されているんだ！』って。」

カヤマさんは最後の力を振り絞り、役所に電話して、介護保険課の課長を呼び出した。課長は「またあなたですか」とあからさまにイヤな声を出した。

「か、課長さん。わ、私にも生きる権利があります。き、基本的人権が憲法第九七条で保障されていて……」

すると、課長は例の「はー」という大げさなため息とともに、こう言った。

「基本的人権、そんなのありましたねー。でも新憲法ではその第九七条はまるごと削除されたんですよ。お気の毒でしたね。自分のことは自分で。家族のことは家族で。これがいまどきのジョーシキですよ。あなたの主張は〝違憲の意見〟、なーんちゃって。あなた、聴いてますか？　もしもし、もしもし……」

カヤマさんは、もう課長の呼びかけに答えることはなかった。

第6章

貧困

社会はどのように分断されていくのか

神戸大学
西澤晃彦

1　社会的事実としての立憲主義

●佐藤榮作発言

1970年3月のことである。日本共産党系の団体「生活と健康を守る会」が関わった生活保護の不正受給事件があり、それをめぐる討論が国会で行われた。質問者は、いずれも、共産党と都市貧困層という票田を奪い合っていた公明党の議員だった。二宮文造参議院議員は、「集団の力というものを背景において、何か不正受給の因を起こしているのではないか」とし、それが「善意の被保護者の方に非常に気の毒な恥ずかしい思いをさせております」と述べた。また、渋谷邦彦参議院議員は、同様の質問をした際に、「生活保護の本来の精神は、……あくまでもあたたかい手を困窮者の方に差し伸べてあげるというところにある」という私見を付け加えている。

二宮質問を受けて、佐藤榮作総理大臣は、以下のように述べていた。

「御指摘になりましたように、生活と健康を守る会、あるいはその前に出されました失業対策、それぞれがたとえば失業保険、そういうものは必要であり、また、生活保護費これまた必要でございますから、こういうものが正しく使われること、これが善意の人たちに迷惑の及ばないようにすることは、この上とも気をつけていかなければならないと思います。そういうことを考えると、善意の方を保護すると同時に、こういうものを悪用する、あるいはその制度を悪用しておる、利用しておる――まあ利用というのは正しいことばではございませんが、悪用しておる、こういうようなものについては、やはり法のたてまえ、制度を維持するというたてまえからも、厳正な態度で政府は臨まなきゃならないと、かように思います。」（1970年3月25日参議院予算委員会　佐藤榮作総理大臣の発言）

佐藤の答弁は、質問をオウムがえしするいかにも気のないてきとうなものに見える。しかしながら、官僚と佐藤、そして質問者の合作といえるだろうこの言説は、その後になって、国会という公共的な言説空間において頻出するようになる生活保護の不正受給をめぐる発言形式を、すでにして完成させていたものといえる。*1

●観察の対象

立憲主義とは、抽象的な理念に留まるものではなく、国会においては、そこでの議論に枠組を与え国会議員や官僚の言葉に形を与える具体的な力であり、社会的事実である。立憲主義の下での国会は、思いのままに悪人を撃つカタルシスは抑制されざるを得ず、正義の人を自称する人々にとっては煮え切らなさを残す場になり続ける。しかしながら、立憲主義は、政府や国会議員を単なる憲法の代弁人とするほどには強いものではない。それゆえ、国会は、非憲法的、反憲法的な欲望と憲法との間での相互交渉が生じる場ともなってきた。

本稿で私に期待されているのは、自民党の改憲草案が実際の日本国憲法となることによってもたらされることを、とりわけ貧困に関連する事柄に絞って予測することである。それへの直接的な回答は後にするが、その前にやや大きな迂回をしておかなければならない。それは、現憲法下の立憲主義的拘束のもとでの、議員たちの欲望の屈折を観察することである。そして、ここでは、生活保護や年金、児童手当、雇用保険などにおけるいわゆる不正受給をめぐる、政府側大臣・委員と議員の国会での発言を観察の対象とすることにしたい。[*2] 不正受給問題は、特に「日本型福祉社会論」が登場した1980年代以降、国会でも頻繁にトピックとされるようになった。[*3] そして、近年の衆議院憲法調査会で発せられた次に引用する議員発言にも見られるように、不正受給は、今や「保守」派の脳内において金銭的規模に比して誇大妄想的に大きく膨れ上がった象徴となっているのであり、改憲を強く促す「保守」派議員の欲望を分かりやすく解発する題目なのである。発言のすべてを網羅、紹介することはできないが、その欲望を分かりやすく露わに示すと思われるものをいくつか選び、欲望と憾みの内容、そしてそれへの立憲主義的拘束のありようについて述べていきたい。そうすることで、自民党改憲草案が現実化した後の、自民党の行動及びその帰結の予測に資したいと考える。

●義務を課したい

2015年、衆議院憲法調査会において、佐藤ゆかり議員は次のように述べた。

「戦後、ある意味行き過ぎた個人主義に対して、年金や生活保護の不正受給の問題しかり、個人の権利主張の裏側にあるべき自助の精神の教え、こういうものが欠けてきた結果、さまざまな国民生活の側面で、自助努力をする国民がきちんと報われないという社会的な新たなひずみも生じていると思います。公共の利益と個人の利益のバランス、個人の権利と個人の義務の関係、特にこの義務の記載、こうしたものをより明確に概念上記述するような憲法の改正、これが重要であると考えております。」（2015年5月7日衆議院憲法調査会 自由民主党・佐藤ゆかり議員の発言）

この発言からは、この人あるいは人々が、とにかく国民の権利が疎ましく義務を課したくてたまらないことはよく分かり、そのもどかしさこそが改憲草案の基調ともなっているように思われる。それはともあれ、佐藤ゆかりは、「年金や生活保護の不正受給の問題しかり」と「行き過ぎた個人主義」を不正受給問題でもって代表させている。「行き過ぎた個人主義」という一般的な水準における問題に比べると、不正受給はそれが生じる社会領域がかなり限定されたできごとである。にもかかわらず、彼女によって（そして後に見るように多くの「保守」派によって）不正受給に見出された悪は、それを誇大化し一般化せずにはおれないほどに強く敵視され、彼ら彼女らの欲望を触発し続けているのである。

2　貧者を射る議員たち　妥協する立憲主義

●よい貧者と悪い貧者

先の佐藤榮作答弁に戻る。答弁に観察される形式は次のようにまとめることができる。まず、よい貧者と悪い貧者とが区分される。よい貧者とは、ここでは「善意の被保護者」（佐藤答弁では「善意の人たち」）である。国会でも一般社会においても、「善意の」は、「善意の政治家」「善意の献金」「善意の経営者」などのように、政治活動や献金や経営といった主体的行為への形容として用いられる。しかしながら、この場合は、援助されることに対して「善意」が求められている。つまり、さしのべられた「あたたかい手」を黙って受け入れる従順さが、「よいこと」として生活保護受給者に要求されているといえる。権利主体、欲望主体として制度を「利用」しようとする態度は否定され、それはかえって悪の標識とみなされる。

憲法は、奔放に悪を撃つ恣意的正義を許しはしない。佐藤は、「その制度を悪用しておる、利用しておる——まあ利用というのは正しいことばではございませんが、悪用しておる、こういうようなものについては、……」と躊躇しつつ言葉を選んでいるが、そこでの逡巡は立憲主義の力の現れであるだろう。こうした力と政治家の欲望や官僚の意図の相互作用の帰結として、貧者を論じる形式が結晶したのである。それは、欲望主体、権利主体として立ち現れた貧民を、無力で従順な貧民——もちろん、それは、主人にとっての従順な奴隷と同様、願望の産物なのだが——を守るためとして否定するという論理であった。生存権に関する繊細な議論であることに佐藤榮作は自覚的であったと思われるが、生活保護制度を維持するためという名目を立てて憲法に表面上おもねる（立憲主義に妥協した）論理を作り上げ、結果的に、生存権の抑制を正当化しようとしたといえる。そして、この形式が、今日に至るまでの政府・大臣答弁において参照され続けることになった。

●悪い貧者を射よ

1980年代に入って、マス・メディアが熱心に不正受給を問題化するようになる。[*4] それは、高度経済成長の終焉によって財政危機が顕著となり、家族の役割を強調しつつ福祉政策の縮小・限定をいう「日本型福祉社会論」が官民によって提唱された時期でもあった。1981年には不正受給対策が強化され、資産調査の厳格化がすすんだ。この結果、前夫や親族による扶養義務を執拗に求められることになった母子世帯の生活保護世帯に占める比率が、大幅に減少した。これ以降、国会では、生活保護の不正受給問題がおなじみの話題になる。何人もの議員が、すでに立憲主義との間で折り合いがつけられた答弁を前提として、よい貧者は別としてとの限定をつけながら、伝聞、噂、印象により悪い貧者像を作り上げ、それを存分に叩きながら一層の厳格化——警察的な審査の強化——を主張した。答弁における形式に応じて、質問もまた形式化されたといえる。例えば、こんな風な質問である。

「生活保護というのは本当に生活に困窮している人に困窮の程度に応じて必要な保護を行って最低限度の生活を保障する、こういう制度だと思うのですけれども、一方で不正受給者が後を絶たないということをよく聞くわけでございます。（中略）母子家庭なんかですと別にお父さんが行方不明になっていないのにそのあたりをきちっと調べないで給付をしているという事例がかなり多いように聞いております。また偽装的に離婚をして実際にはそのだんな様と奥様とは同棲しているという事例も大変多いように聞いておりますが、そのあたりの厳正なチェックはどのようになっておりますでしょうか。」（1988年5月17日参議院地方行政委員会　民社党・抜山映子議員の発言）

政府・厚生官僚もまた、予算削減の流れの中で、それがあたかも制度の維持と引き換えになることであるかのように述べつつ、さらなる厳格化をいつも約束した。大いに悪を撃ち厳格化の言質を取り付けることができるのだから、議員たちの憾みも少なく済ませることができたかもしれない。もちろん少数政党のいくらかの議員は厳格化が生活保護抑制につながることへの懸念を表明したが、それに対しても、政府側は、生活保護制度の維持のためには「適正化」(＝厳格化)が必要と切り返したのである。

●生存権の毀損とその帰結

誰もがそうであるように生々しい欲望をもった生活主体である貧しい人々を、よい貧者と悪い貧者とに想像において分類し、前者を守るために後者を撃つという論理形式——物語形式と言うべきだろうか——は、現実から目を背けたところに成立する観念遊戯にすぎない。[*5] また、不正受給の額は微々たるものに過ぎず、厳格化を徹底したところで財政への貢献はほとんどないがゆえに空しくも見える。しかし、厳格化の本当の効果は、生活保護受給者のイメージを徹底的に汚辱することにあったといえるだろう。そうすることによって、貧者を生活保護から遠ざけて漏給層(保護水準以下にあるが保護を受けていない世帯の人々)として足止めし——男子稼働年齢層の受給は極小化し、母子世帯の受給率も大きく低下させた——、大規模な事実上の予算削減を成し遂げることができるのである。そうした汚辱は、生活保護が哀れな高齢者、責めを負わせにくい病人と身体障害者、従順な母子に限定された制度であるかのような通念を強化するとともに、貧者による欲望の表出――権利の表明――をすべて悪とみなして攻撃する反射を広範に定着させた。生存権の権利性は、徹底的に毀損された。

現在、貧困層（とりわけ高齢貧困層）の全体的増大によって生活保護受給者は増えているが、漏給層ももっと増えている。漏給層は、生活保護受給者の5～6倍程度は存在すると考えられている。日本の場合、ひとり親世帯の貧困率の高さは尋常ではなく、OECD加盟国中最高である。[*6] また、ひとり親世帯の中でも、特に母子世帯の貧困は深刻で、たとえ有業者（母子世帯の母親の就業率は80・6％）であっても収入が少なく（平均年間就労収入は181万円）、貧困率がきわめて高い。[*7] 低学歴あるいはキャリアを中断した女性の正規職労働市場からの排除がその大きな要因だが、それに加えてセーフティ・ネットの脆弱性も暮らしぶりを困難なものにしている。生活保護の受給は貧困の深刻さを経済的に緩和するが、決して円満に離婚した訳でもない元夫との関係や自分と元夫それぞれの身辺をあれこれ調べ直されることをどうぞと受け入れられる人は少なく、母子世帯の漏給層は多い。今のところ、貧困層は、自責の念にかられて大人しくしているか、幾重にも分裂して互いに罵り合っているようにさえ見えるが、もし漏給層がいっせいに生活保護受給を申請したとすれば衝撃は途方もなく、歴史に残る社会的反乱となる筈である。

3　新自由主義者たち

●新自由主義的変異

先に述べた佐藤形式は、その後の政府・大臣答弁においても踏襲された訳だが、それは民主党政権（2009～2012年）においても同様であった。次の発言は、民主党政権下での、不正受給と国民のモラル低下を関連づけた自民党議員の質問への長妻昭厚生労働大臣の答弁である。

「この不正受給ということに関しましては、雇用保険の不正受給もあります。生活保護の不正受給もあります。本当に、不正はすべてよくないわけでありますけれども、こういう生活、社会保障について、不正受給というのは一部の方にもかかわらず、多くの受給している方もそういう目で見られてしまうという弊害、非常にやるせない状況になる可能性もありますので、これはもう徹底的に不正がないように取り締まるということは、私は特に心がけているつもりでありますので、不正が起こらないそういう仕組みというのを今後とも不断に検討していきたいと思います。」（2010年3月19日衆議院厚生労働委員会　長妻昭厚生労働大臣の発言）

長妻の思想、感情は措くとして、ここに見られた形式も、よい貧者と制度を守るために悪い貧者を撃つという佐藤パラダイムからは全く離れていない。そして、その後の自民党政権においても、今のところ政府によるこの答弁形式は持続している。しかしながら、一方で、２０００年代に入って、従来の枠組から逸れて屈折した欲望が、「保守」派議員の発言において現れ出るようになる。[*8] そして、自民党が答弁から解放された野党時代には、特にそうした発言が頻出する。いわゆる「小泉チルドレン」による次の質問はその先駆けであった。

「支援の方法としては、福祉の受け手側が支援に頼り切ってしまわないよう、自立の気概を持たせていくことをあわせ持ったものでなくてはならないと考えるのですが、近年の傾向として、生活保護における世帯をまたいでの保護や稼働年齢世帯の長期保護、児童扶養手当においては事実婚状態での不正受給、介護保険では家庭介護の放棄による介護事業への丸投げ状態の実態などの絡みを見ますと、どうも、公的福祉への担い手意識が薄く、受け手としての依存度が高くなっているのではないかと感じるのですが、いかがでしょう。／つまり、社会的弱者とはいえ、国が何らかの形で保護、保障してくれるものへの依存度が高いと感じるのですが、現在の社会福祉に対する受け手側の認識やその実態をどのようにお感じになるでしょうか、御答弁をお願いいたします。」（２００７年12月12日衆議院厚生労働委員会　自民党・西本勝子議員の発言）

ここでは、「生活保護における世帯をまたいでの保護や稼働年齢世帯の長期保護」、「児童扶養手当においては事実婚状態での不正受給」、「介護保険では家庭介護の放棄による介護事業への丸投げ状態」が羅列されている。それぞれの問題の個別性はここでは乱暴に無視され、それらすべてに共通するものとして「公的福祉への担い手意識が薄く、受け手としての依存度が高くなっている」という一般的傾向が取り出されている。これは、重大な変化であった。ここには、よい貧者も悪い貧者ももういないのだ。そこにあるのは、国家からの自立が善であり国家への依存が悪であるという価値観、人は甘やかせば悪に染まる、国家に依存し怠惰になる（逆に脅しつければ自立して勤勉になる）という人間観、そして、悪の兆候は国民に偏在しそれを国家が正さなければならないという国家観である。このような価値観・人間観・国家観は、新自由主義的であるといってもよいであろう。

安倍政権になって、高市早苗議員は、安倍晋三総理大臣に対し次のように話を振っている。

「過度の依存心をあおるばらまき政策というものを排して、福祉の不正利用をしっかりと排していく、これはもちろん、真に必要な福祉水準の確保を前提としたものでございますけれども、ぜひとも正直者が報われる公正な社会をつくっていただきたいと願っております。」（2013年3月7日衆議院予算委員会　自民党・高市早苗議員の発言）

この世の中は自称「正直者」だらけだから、私たちのような「正直者」が報われる社会を作れと高市が言っているように聞こえるのかもしれない。しかしながら、彼女は、甘やかせば悪に染まるという国民の一般的傾向をまず述べているのであり、その一方で多くの税金を納めている成功者たちのことを「正直者」としているのである。かように、今日では、本会議や予算委員会といった大舞台における不正受給発言に関しては、妙に洗練された聞こえのいいものになっている。

●憾みの行方

むろん、多くの議員の発言は洗練などとは縁遠い、野卑なものに留まる。次の自民党議員の質問は、野党時代のものである。生存権うんぬんをまず述べて憲法におもねってみせた上で、「けれども、最近は」を境に新自由主義的主張を開陳する。

「最近、生活保護が非常に急増しております。憲法二十五条、いわゆる生存権、最低限の生活保障は大変重要でありまして、昨今、ひとり暮らしの高齢者がふえている、あるいは、病気、障害のある方々、円高不況で倒産して家を失って全てを失った、こういう方々のセーフティーネットとしては当然重要だと思いますけれども、最近は、不正受給の増大、あるいは一度もらったらずっともらえるような今の仕組み、働けるのに働かない稼働世帯の増加、この民主党政権になった二年半で三十四万人もふえている。急増しているんですよ。今、二百十万人を超えております。／社会通念としての自助、共助、公助というものがあるとするならば、今この日本で、自分で努力しない、お互い助け合わない、何となく初めから、あるいは最後には行政がカバーしてくれるんじゃないか、もしこういうムードが漂うとするならば、これは戒めていかなければならないと思っております。」（2012年2月23日衆議院予算委員会　自民党・菅原一秀議員）

言うまでもなく、「三十四万人」についての彼の解釈は滅茶苦茶で、そこであげられている現象について彼が詳細に検討した形跡ももちろんない。多分彼にとってそれはどうでもよいことで、すべてが大急ぎで悪として一括されるのである。その上で、この社会には、国家に依存する「ムード」が蔓延しているという認識が示される。むろん「ムード」という言葉には、それに容易に感染する人間が想定されている。さらには、それを「戒《いまし》めていかなければならない」という。「ムード」を「戒める」のは誰なのか。この文脈では国家以外にありえないし、それをいう彼の自己認識は国家と一体化されている。彼はとにかく「戒める」側に立ちたいようなのだ。

新自由主義者たちによる貧者への侮辱は、佐藤パラダイムと調和するものでは決してない。悪の蔓延を主張するこれら発言に対して、政府側の答弁は（よい貧者のための）生活保護制度を守るためにさらなる厳格化を進めるという、これまで通りのものであった。これは、決して噛み合っているとはいえない質疑応答である。彼ら彼女らは、かつての議員たちのように実を取ることによって矛を収めるような引き下がり方ができていない。やりとりだけを見れば、新自由主義者たちの主張は空転しているように見え、質問者は大人に相手にされない子どものようでもある。それでも、自民党と公明党は、野党時代を経て成立した安倍政権において、審査のハードルを上げられるだけ上げた改正生活保護法を成立させることになる。これは、新自由主義者たちにとっては大きな実ではあったが（そして、貧困層にとっては大きな打撃であったが）、皮肉なことに、これ以降の実を細らせてしまうことになった。脅しつけ、従順にし、動員する対象を欲する人々にあっては、憾みはかえって残るのである。

では、彼ら彼女らにとって、憲法改正が、腹立たしい貧者とその予備軍を存分に叱りつける優位性を与えてくれるものになるのだろうか。実は、改憲草案では、生存権を保証した憲法二五条第一項は手つかずのままなのだ。理由は分かるように思う。おそらく、新自由主義者たちをも含む現代の日本人にとって、生存権なき国家などもう想像もできないのだ。想像できないことを、構想することはできない。想像力の欠如は、現代人全体の傾向なのである。では、彼ら彼女らの貧者への憾みは、改憲後、どこに向けられるのか。

4　家族があやしい

●家族は一蓮托生

これまで、幾人もの「保守」派議員は、貧しい家族への疑念を隠そうともしてこなかった。2000年代以降のいくつかの発言を見てみよう。長くなるが、ここでは二つだけ紹介しておきたい。

「一方で、大変モラルハザードといいますか、不正受給の問題もあろうかと思います。偽装離婚による手当の受給や、あるいは事実婚状態であるにもかかわらず手当を受給されるということは、これはよく見られることだろうと思います。／私は臨床医をしておりましたときに、母子家庭ということであってもお父さんが付いてきているなというのは結構ございましたので、やはりこういう不正受給の存在というのはそれほどレアではなかろう。」（2010年5月25日参議院厚生労働委員会　自民党・石井みどり議員の発言）

「まず、母子及び寡婦福祉法についてであります。／端的にお伺いいたしますが、不正受給がちゃんと摘発できているのかという問題であります。この仕組み自体は私はいいと思いますが、当然、いい仕組みだからこそ、不正受給などあってはならない、こういう話であります。／そこで、悪意か善意かを問わず、再婚だったり、事実婚、同棲だったり、こういった理由で不正受給になって停止及び返還を求めた事例というのは、ここ数年で何件ずつあるのか、まず事実からお伺いいたします。（土屋正忠副大臣の「平成二十三年度実績で〇・一％」という答弁に対して）〇・一％ということですが、実際の件数を見ますと、これは、たまたま生活保護の不正受給が問題になった時期に合わせて母子寡婦のこともお調べになったんだというふうに伺っておりますが、百十の自治体で調べた結果、私が申し上げたようなタイプの不正受給は九十件だったということであります。／百十の自治体で九十件不正受給があったということは、一自治体、一つの市で一人いるかいないかだったということでありますが、これは、私の生活実感からして、にわかには信じがたいぐらい少ない摘発の件数ではないかと思います。／この、摘発できている件数が少な過ぎるのではないかという私の捉え方に対して、大臣、いかがですか。百十の自治体で九十件しか実際摘発できていないわけでありますが、少ないと思いませんか。（中略）私も、本当に近所で、あそこは不正受給なんじゃないかとか、やはり時々聞きますから、少なくとも、一自治体に一人しかいないなんという《ママ》、こんな件数ではおさまらないというふうに私は思っております。／いろいろ大変だとは思いますけれども、やはりこういった制度は、生活保護のときもそうでしたけれども、不正受給が一たび問題になったら、制度そのものの信頼性が問われ、本当に必要として法律にのっとって受け取っている方までが肩身の狭い思いをする話でありますから、不正受給対策、現地調査をもっと本気でやるということをよろしくお願いいたします。」（２０１４年3月26日衆議院厚生労働委員会　結いの党・井坂信彦議員の発言）

偏見は、自己の感情を絶対化することによって成立する。強固な偏見の持ち主には、どのような事実も意味を持たなくなる。井坂信彦という議員は、政府が示す数値の意味を認めず、「私の生活実感」や近所の噂の方が正しいと主張する。小児歯科医であったらしい石井みどり議員は、「私は臨床医をしておりましたときに、母子家庭ということであってもお父さんが付いてきているなというのは結構ございましたので、やはりこういう不正受給の存在というのはそれほどレアではなかろう」などと自らの印象を絶対化する。母子と元夫が医師のもとを訪れるという事態は、まっとうな大人であるならば、疑念をもつよりも先に思うことがある筈である。「世の人々にはそれぞれ事情があるのだ」ということを。しかし、この歯科医は、「結構ございました」という患者とその家族との面接において、いつも疑心暗鬼に捕らわれたまま臨んでいた。そうしたまなざしに子どもたちが気づかないでいたことを願うのみである。新自由主義者にとって子どもの貧困は鬱陶しい問題であるだろう。なぜならば、自らが言う自己責任論を徹底したとすると、かえって自己責任を問えない子どもの貧困が課題として浮上するからである。しかし、日本の新自由主義者は、そこでいきなり感情的になって「親が悪い」と言い出すという特徴がある。彼ら彼女らは、子どもに手厚い援助を行うことを好まず、子どもを個人として認識することを拒絶して、親とともに家族に一体化させるのである。そうして、家族が、攻撃対象として確保される。

「事実婚」、「同棲」、あるいは「偽装離婚」、そうしたことが不正受給問題に関する議論では悪の表れとして取り上げられ続けている。この人々は、国家によって把握された――戸籍によって捕捉された――夫婦以外の男女のありように苛立ちを隠さない。明治政府が作り上げた戸籍制度は、個を家の一員として捉え、家を特定の場所に所在し続けるものと見た。戸籍に登録されることによって、人々は国民＝臣民となった。家と場所とを一対一対応で結びつける見方はさすがに今日では意味のないものになっているのかもしれないが、国家によって捉えられた家に個人を融合させて認識する人間観は今も健在で、家から浮動する人々を嫌悪、蔑視する感情は広範に存在すると思われる。例えば、結婚を入籍と同義とし、そこから逸れる夫婦関係を異常視する見方は今も一般にあるのだ。

●リスクとしての家族　荒野としてのその外部

自民党改憲草案第二四条では、次のように述べられている。「第二十四条　家族は、社会の自然かつ基礎的な単位として、尊重される。／家族は、互いに助け合わなければならない」。また、自民党憲法改正推進本部の「日本国憲法改正草案Q&A」では、この条文について以下のような解説が示されている。[*9]「党内議論では、『親子の扶養義務についても明文の規定を置くべきである。』との意見もありましたが、それは基本的には法律事項であることや、『家族は、互いに助け合わなければならない』という規定を置いたことから、採用しませんでした」。この条文がほんとうに現実化しそれを支持する勢力が国会の過半数を占めているとすれば、官僚は、予算削減の圧力のもと、新憲法に沿いながら親族の扶養義務を強調しいっそう個人の生活保障を家族任せにする法案を書くだろう。議員たちは、政府から言質を取りやすいテーマとしてこの問題を扱い、それに従わない（従うことができない）家族をますます奔放に叱りつけ、国民を「戒める」ことに励むだろう。貧困、そして不正受給をめぐる議論においては、佐藤パラダイムに代わって、家族主義パラダイムが支配することになると考えられる。

かつて、貧困は、共同の基礎でもあった。そこにおける共同の単位は、日本列島においては家（イエ）であり村（ムラ）であった。貧しいからこそ共同があり、共同によって生存し存在し得た。だが、実は、家や村によって生存・存在できるというのは、あくまでもその一員からすればそう言えるのであって、家も村も「人減らし」の手段を備えていたのではあったのだが。しかしながら、現代人である私たちにとっては、かつての村に相当するものはないし、家族が生存・存在の条件であるとは限らない。家族は、個人の生存・存在を脅かすリスクに転化し得る。もちろん、扶養する／される対象として家族が想定されがちであるように、家族は共同体のようにあることを期待されている。しかし、期待は期待として措くとして、個人化された私たちが、親きょうだいの借金をわが借金として背負うことを進んで受け入れられる人間なのだろうかと問うてみる必要があると思う。そう自分に問いかけてみたとき、あの条文は当たり前の徳目を言葉にしたものにすぎないと言えるのだろうか。どのように糊塗したとしても、現代の家族は、（小さな子どものことを除いて考えれば）互いにその生存と存在を脅かさない限りにおいて成立している。それを「行き過ぎた個人主義」と否定したところで仕方がないと思うのだが、改憲草案は、あらためて私たちに「家族は、互いに助け合わなければならない」と義務を課すのである。言うまでもなく、ある個人にとって家族がリスクとして立ち現れる事態は、貧困家庭においていっそう生じやすい。貧困の責めを家族に重く負わせてしまえば貧困は泥沼化し、親から子への貧困の連鎖が強化されることは間違いない。

改憲草案第二四条が、より大きな困難をもたらすのは、貧困家庭だけではない。戦後の福祉国家化の歩みにおいて、福祉制度は、帰属証明が必要な、すなわち主たる稼ぎ手が組織に所属している定住家族を基準として整備され、非正規雇用の単身者は制度の網にかかりにくかった。現在の20歳男性の生涯独身率は、おそらく三割程度と推測されている。しかも、低い学歴、低い収入層の人々においていっそう未婚化は進んでおり、かつ、そうした人々の非正規雇用比率は高い。つまりは、非家族的で非組織的な貧困人口が今後ますます蓄積されていくことが確実である。だが、そうした人々について、改憲草案ではまったく考慮されていない。憲法から個人が追放されれば、家族「外」の人々の放置は、ますますもって正当化されてしまうことになる。

●「コピペ」された理想

「改正草案Q＆A」では、次のようにも述べている。「人権保障における家族の重要性は、国際的にも広く受け入れられている観点であり、世界人権宣言16条3項は『家族は、社会の自然かつ基礎的な単位であり、社会及び国による保護を受ける権利を有する』と規定されています。草案の24条1項前段はこれを参考にしたものです」。改憲論者は、時代遅れになったものを時代に合ったものにするだけだとよくいう。そこには、理想を論じようとする姿勢は皆無である。だが、理想もなしに、新しい世界について語る新しい言葉を持つことなどできない。その結果、理想のない人々による改憲案は、「コピペ」だらけになる。ここでは、よりによって世界人権宣言から言葉が抜き取られているのだが、世界人権宣言では人類がなんとか獲得した権利であったはずのものが、改憲草案では国家が国民に負わせる義務――「家族は、互いに助け合わなければならない」――に書き換えられているのである。世界人権宣言の起草者の墓所に糞尿をまき散らすような所業である。こうしたものを読んで思うのは、私たちには、憲法を書く言葉も能力もないということだ。私たちの能力のなさを率直に反省すれば、「改憲」も「創憲」も「加憲」も全てが疑わしくなる。

憲法学者の木村草太は、改憲草案第二四条について次のようにいう。[*10]「やはり自民党草案って『この規定危ないですよ』とか『なんでこれ入れたんですか』と言ったら、大抵の議員から『たいした意味はないです』って返ってくるのが特徴なんですよね。だったらやるなよ、という条項が非常に多い。この条項も多分そういう類のものだと思いますね」。この条項がほんとうに「多分そういう類のもの」であると言えるのかどうかは定かではないが、もしそうであったとすると、「たいした意味はない」とはどのような意味なのか。この自民党改憲草案の執筆者や支持者たちは、貧しい家族が直面する現実には想像が及ばず、想像の外にある事柄からは意味を汲み取れない、そういうことであると思われる。

5　貧困を利用する

●エリートと「それ以外」

たとえ「たいした意味はない」条文であったとしても、それらを同時に機能させてみると、全体として生じる現象もある。特に、そこに作り出される人の流れ――人々がある社会的地位に配列されていくその流れ――への影響は重要であると思われる。改憲草案は、誰をどのように動員する整流回路となるのか。

第一次安倍内閣における2006年の教育基本法改正にまで至る自民党周辺での教育改革をめぐる議論では、エリート教育と愛国心が重要な課題とされた（そこでの議論は、改憲草案第二六条に反映されている）。愛国心についてはよく議論されているのでここでは触れないが、エリート教育の方はどこに行ったのだろうか。今日ではエリートがグローバル・エリートを意味するようになりつつあり、そうなると、グローバルな拡がりを生きるエリートたちと、変わらずローカルな空間を生き続ける人々との間の世界の乖離はますます大きいものになっている。グローバル・エコノミーの拡大とナショナルな利害との間に矛盾があるように、グローバル・エリートであろうとすれば愛国心に拘泥し続けることは難しいだろう。愛国心は、この新しいエリートたちを想定したものでは恐らくない。愛国心は、競争から離脱して求心力を失っていく部分を統制するために注入されるものであり、それが「エリート以外」への教育の意味とみなされていると考えられる（もちろん、それを計画しているのはエリートである）。グローバル・エリートとなるためにはそれなりの投資が必要だ。つまり、統計的に言って、貧しい子どもたちは将来も貧しいだろう。ということは、愛国心にまつわる陳腐な言葉が、貧しい子どもたちに与えられる語彙ということになる。公立中学校は、知識教育に無関心で統制にばかり情熱を燃やす、そういう教員たちが大きな顔をする収容所空間にますますなっていくことだろう。数学であれ古文であれ知ることの向こうに未知の世界があって、知識が己の狭い生活圏を超える多様な世界を感覚する通路になりうるという、そういうことはあった。垣間見えた世界こそ個が己を成長させていく新しい拡がりなのかもしれない、そのような感覚とそこからの現状の相対化こそ知識教育の効果であったと思う。だが、愛国心の強調は、そのような未知の拡がりの存在を否認させる。子どもたちの世界は、統制のための道徳によって、単一の、国家の時空間に回収されてしまうのである。

　それにしても、貧困層の蓄積は、国家にとっても心安からぬものではないのか。それはそうだが、ある種の国家にとっては、心をそれなりに愛国化した貧困層は有用である。寡兵制の軍隊である自衛隊の規模を必要に応じて大きくするためには、貧しい若者たちを量をもって存在させておけばいいからだ。それにより、自発的に（＝自己責任で）志願する、頼もしい兵士たちも可能になる。改憲草案は、家族に縛られた貧しい子どもたちを男であれば兵士にし、女であればセックス・ワーカーにするような、そういう人の流れをより安定的なものにするだろう。

●ポケモン的身分制社会

最後に、比喩を用いて自民党改憲草案がもたらす未来像についてまとめておこうと思う。ポケモンの世界は、主人（＝ポケモントレーナー）と奴隷（＝ポケモン）からなる身分制社会である。トレーナーたちは決して身体をはらず、戦闘はポケモンに任せる。言葉はトレーナーたちが独占しており、ポケモンたちはトレーナーたちの討論に関与することができない。ポケモンにあるのは心だけだ。自民党改憲草案が棹をさすのは、このポケモン的な身分制社会へと向かう時流である。トレーナーたちは、離れたところから「海上自衛隊行け！」とか「陸上自衛隊頼むぞ！」と叫ぶばかりである。ポケモン世界と違うのは、ゲームであった筈なのに人が死ぬという点である。しかし、トレーナーたちは、一時は悲しいそぶりを見せるのかもしれないが、すぐにたやすく忘却してしまうことが可能だ。なぜならば、自衛隊員が自衛隊員になったのは自発的な志願であり、つまりは自己責任なのであって、トレーナーたちの道徳的責任は制度的に解除されているからである。

アニメーションのポケモンでは「ロケット団」なる組織に属するムサシ（女性）、コジロウ（男性）、ニャースからなる悪の三人組が登場し、ポケモン世界に微妙な彩りを与えていた。ムサシとコジロウは人間であり、ニャースは本来ポケモンである。しかしながら、この三人の関係は同僚として対等であり、ニャースは言葉を操って他の二人と議論する。この悪の三人組の世界こそ現日本国憲法が拠って立つ社会なのであり、人類の歴史もポケモン世界（＝奴隷制あるいは身分制社会）からロケット団世界（＝近代市民社会）へと進んできたとこれまで信じられてきたのだ。しかしながら、三人組は、毎回、主人公たちにこらしめられて「やな感じ〜！」と叫びつつ消えていくお約束になっていた。それをテレビで見ている子どもたちは、トレーナー目線で笑い飛ばすという訳である。さて、自民党改憲草案では、現憲法の第九七条がばっさりと削除されている。無くなる前に現第九七条をよく味わっておきたいものである。

「この憲法が日本国民に保障する基本的人権は、人類の多年にわたる自由獲得の努力の成果であつて、これらの権利は、過去幾多の試錬に堪へ、現在及び将来の国民に対し、侵すことのできない永久の権利として信託されたものである。」

現第九七条の削除により、新しい憲法は人類の歴史から切り離された日本の歴史に従属するものであることが示される。ロケット団がそう扱われたように、現第九七条も改憲論者たちに吹き飛ばされるのだ（「やな感じ」を残して）。ロケット団を笑っていた子どもたちのうち、トレーナー身分に順調に配置された人々はするするとその地位に適合し「海上自衛隊行け！」などと叫ぶことだろう。一方、そこから締め出された子どもたちには、違った人生が待っている。学校は、ある子どもたちにとっては、己がトレーナーではなくポケモンの立場にいることを思い知らせ納得させる装置である。小賢しい言葉はいらない、従順な心があればいい。学校の隠れたカリキュラムは、そのように生徒に思わせるよう日々誘っている。ポケモン身分に配置された子どもたちがその事態をどのように生きていくのかについては、まだ述べることができない。ひとまず、ここまでの考察から導き出すことができた自民党改憲草案によって正当化され導かれるであろう未来像は、ポケモン的身分制社会であるといえる。徴兵制の平等主義が地獄を作り出すことは間違いないが、ポケモン的身分制社会のもとに進む社会の軍事化も別様の地獄に帰結すると思われる。

＊1　佐藤形式の下での国会での討論については、西澤晃彦「貧困の犯罪化――貧者に人権はあるのか」市野川容孝編『人権の再問（講座　人権論の再定位1）』（法律文化社、2011年）においても検討したことがあるが、今回は、改憲草案にまで至る「保守」派の欲望に焦点を当て、再検討を加えている。

＊2　国会での大臣、議員、政府側委員の発言は、すべて『国会会議録検索システム』kokkai/.ndl.go.jp/ を参照している。

＊3　生活保護の不正受給の歴史については以下を参照。副田義也『生活保護制度の社会史』（東京大学出版会、1995年）、杉村宏『格差・貧困と生活保護――「最後のセーフティネット」の再生に向けて』（明石書店、2007年）、杉村宏『人間らしく生きる――現代の貧困とセーフティネット』（左右社、2010年）。

＊4　副田・前掲書。

＊5　観念遊戯であるとは次のような意味である。奥村隆は、1980年代の外国人に関する新聞・雑誌報道を分析し、次のようなイメージの変転過程について述べている。異質な他者として立ち現われる外国人はまずもって「コワイ」。そのイメージが保たれたまま外国人が客体化されれば、外国人は「キタナイ」存在となる。あるいは、客体化できるほどの距離をもって外国人を肯定的に捉えれば、「カワイソウ」な存在として記事が構成される。しかし、やがて外国人も生活する主体であることが感得されるようになると、「ケナゲ」で「タクマシイ」ところも目に入る。だが、そうした要素は、「ガ

メツイ」「ズルイ」ものへと読み換えられやすく、それゆえに「コワイ」存在へと差し戻されやすい（奥村隆『他者といる技法――コミュニケーションの社会学』（日本評論社、１９９８年）89－１２５頁）。貧者もまた、外国人と同様に弄ばれやすい脆弱な存在であると言える。

＊6 内閣府『平成26年版　子ども・若者白書』http://www8.cao.go.jp/youth/whitepaper/h26honpen/b1_03_03.html（２０１７年2月15日最終閲覧）。

＊7 厚生労働省『ひとり親家庭等の現状について（平成27年4月20日）』http://www.mhlw.go.jp/file/06-Seisakujouhou-11900000-Koyoukintoujidoukateikyoku/0000083324.pdf（２０１７年2月15日最終閲覧）。

＊8 貧困の社会問題化は、「保守」派議員の新自由主義を強化したが、非「保守」派議員による不正受給問題への反新自由主義的な発言も増加させた。厳格化が生存権を侵害しているという論理がいくつかの政党で共有され、また、「不正」とされるものの中に含まれる少なからぬ「悪を問えない」事例の提示によって、新自由主義的な悪の構築を批判する議論がされている。具体的には、山本太郎参議院議員（生活の党と山本太郎となかまたち）、田村智子参議院議員（日本共産党）らによる、生活保護受給世帯の高校生によるアルバイト賃金の返還命令に関する問題提起（２０１５年～）をあげることができる。

＊9 自民党憲法改正推進本部「日本国憲法改正草案Ｑ＆Ａ」https://jimin.ncss.nifty.com/pdf/pamphlet/kenpou_qa.pdf（２０１７年2月15日最終閲覧）。

＊10 木村草太・荻上チキ「自民党憲法草案には何が書かれているのか？（２０１５年11月25日）」『SYNODOS』http://synodos.jp/politics/15542/2（２０１７年2月15日最終閲覧）。

COLUMN

コラム

刑事手続

金　尚均

刑法は、市民に対する国家的制裁の中で最も厳しい。その賦課に際しては、犯罪の重大さと制裁の人権侵害の重大さが比例していなければならず（比例性原則）、しかも他の制裁では不十分な場合にはじめて行われるべきである（補充性原則）。自由主義国家では、市民の自由な経済的、文化的、社会的活動が活発に行われることを通じて社会が発展する。市民の精神、身体又は経済の自由等を基本的人権として据えなければならないことは多言を要しない。これに対して、国家的干渉は、本来、厳に抑制的であるべきで、これが積極的であるところでは市民の活動は制限され、自己統治を支える表現の自由も同じく常に監視の対象となり、ひいては社会の決定システムである民主主義は絵に描いた餅と化す。「秩序と安全」と「自由」とは、一見、融和又は並存可能な諸概念と見る向きもあると思われるが、市民が国家・政府に反対する意見を表明するとき、両者の対立が先鋭化する。ときに表現の自由とこれに伴う諸活動は、政府と警察にとって取り締まりと規制の対象となる。ここでまさに権力に対するシビリアン・コントロールがいかに社会において浸透し、機能しているのかに応じて社会の民主度の程度も高低する。もちろん、全く国家による警察機能、法的規制及びその効果としての制裁の存在を否定するわけではない。市民の自由な活動が安全な社会環境のもとで実現することを可能にするためにこれらは不可欠な場合がある。けれども、刑事制裁と結びつく警察機能は常に抑制的であるべきだ。これが治安という御旗のもとで常に強権を行使し、そして監視を続ければ、警察国家になりはててしまう。このような事態を避けるためには、政府、とりわけ警察に対する市民による監視とコントロールが求められる。そのためには両者には拮抗と緊張関係がなければならない。この関係が崩れると権力の暴走が生じるおそれがある。その意味で、刑事制裁とその手続は、自由の保障とその制限という二つの顔を併せ持つことを忘れてはならない。それゆえ、常に謙抑的に権力行使が行われなければならない。

草案を見ると、三二条「何人も、裁判所において裁判を受ける権利を有する。」(現行「何人も、裁判所において裁判を受ける権利を奪はれない。」)、三四条二項「拘禁された者は、拘禁の理由を直ちに本人及びその弁護人の出席する公開の法廷で示すことを求める権利を有する。」と規定して、それぞれ権利の保障を明記している。

現行法ではいずれも国家権力の行使を抑制することを意識した規定の仕方を採用している。これにより基本的人権の不可侵性を導き出すことができる。これに対して、草案は、「権利を保障する」という規定の他にも見られるが、あたかも国家が市民に提供するような記述になっている。憲法は国家と私人との関係を規律する法であり、基本的人権は国家による恩恵ではなく、社会の構成主体である市民が、人間として、個人として、平等な構成員として生きるために不可欠であり、国家はこれを保障するための手段なのであり、同時に基本的人権は、民主主義を根本基盤とする社会において、物理的及び経済的な力関係だけで見れば圧倒的に弱い一個人が国家と対等に渡り合うための防御壁でもある。人権とは国家によって供与されるのではなく、——国家という存在を前提にして——個々の市民が人間としての尊厳が承認され、その上で自律した個人として自由な活動をするために、国家との関係を規律している。

恩恵的性格を窺わせる規定手法は、いわゆる例外的な事態が生じたときには、人権の効力を停止することをも可能にさせてしまうおそれがある。また、基本的人権を他の権利と衡量することを安易に許容するおそれもある。このような国家による人権の供与という理解は、草案九八条(緊急事態の宣言)以下において反映されている。本条では、緊急事態の宣言は、法律の定めるところにより、事前又は事後に国会の承認を得なければならないとしている。九九条で、緊急事態の宣言が発せられたときは、法律の定めるところにより、内閣は法律と同一の効力を有する政令を制定することができると定めている。いずれも国家の事前承認を要件としてない。しかも、九九条三項で、緊急事態の宣言が発せられた場合、何人も、法律の定めるところにより、当該宣言に係る事態において国民の生命、身体及び財産を守るために行われる措置に関して発せられる国その他公の機関の指示に従わなければならない。この場合においても、一四条、一八条、一九条、二一条の規定は、最大限に尊重されなければならない。ここでは強制力のない「協力」ではなく、服従義務を伴う「指示」にまで引き上げている。一四条以下の人権諸規定はいずれも国家に対する意思表明に不可欠であるが、（合法的）緊急事態においては、最大限尊重した結果これら諸権利を制限することも予定している。

ドイツのワイマール憲法は四八条二項において「ドイツ帝国において、公共の安全と秩序が著しく阻害又は危険にさらされたとき、公共の安全と秩序の回復のために、大統領は必要な措置をとることができる。必要とする場合には、軍隊の援助のもとに介入することができる。大統領は、この目的のために、暫定的に、憲法一一四条、一一五条、一一七条、一一八条、一二三条、一二四条及び一五三条で定められた基本権を全て又は一部停止することができる。」と規定して、身体の自由、住居不可侵、通信の秘密、言論の自由、集会結社の自由、私有財産の保護といった個人の中核的な基本的人権を骨抜きにし、「必要な措置」を口実に大統領令を出して、対立する国会議員等の自由拘束も可能にした。注意すべきは、本来、捜索、逮捕・勾留などのプライバシー侵害や自由拘束は裁判官による令状発布という厳格な刑事手続に基づいてのみ許容されるのであるが、法律と同一の効力もつ政令によって全て骨抜きにされてしまう。これは第二次世界大戦前・中の出来事として現代の自由主義国家で起こりえないと一笑に付す人たちもいるかもしれない。しかし現実はまったくそうではない。アメリカ政府がキューバのグアンタナモに設置している収容所の存在や、フランスが非常事態を宣言して以来行われている、テロ容疑者に対する令状なしでの家宅捜査のいずれも法治国家を自ら瓦解させている。またトルコにおいてクーデター未遂事件後に非常事態宣言が発出され、憲法の非常事態宣言を根拠に、非常事態法に基づいて、基本的権利および自由の制限および停止、非常事態への対策の実施方法、公職従事者に付与される権限の内容、公職従事者の待遇の変更を可能にしている。非常事態の期間中、法律と同等の効力を有する政令を発布できるとしている。

緊急事態を法治国家の「例外状態」として憲法上正当化することは、人身の拘束等の自由の例外的制限を司法手続を通さずに可能にしてしまう。その場合、これに反対する声も規制対象となり、言論封殺も正当化される。

このような非常事態宣言を予定する憲法では、基本的人権の恒常的制限の正当化と民主主義の放棄を自ら内在していることに注意を向けるべきである。「例外状態」として国家に権力の全てを委ねることはフリーハンドを認めることに等しい。ここでの例外状態とは、市民が不正な攻撃から自己の法益を守るためにする正当防衛とは異なる。正当防衛が人権の自己保全であるのに対して、緊急事態を理由とする刑事手続の骨抜きは人権保障の否定である。

第7章

国政

独裁政治になってもいいのか

神戸女学院大学
石川康宏

1　地方版「市民と野党の共闘」が輝いた時代

●「憲法を暮らしの中に生かそう」

私が、憲法を自分の生活にかかわるものとして意識したのは、おそらく1975年が最初のことだった。大学入学のために移り住んだ京都の府庁には「憲法を暮らしの中に生かそう・京都府」という大きな垂れ幕がかけられており、それを丸太町通りを走る市バスの中から何度か眺めるあいだに、大学の先輩から、その歴史的・政治的な意義を聞かされた。調べてみると、75年4月時点での革新自治体は全国に205ケ所、そこに暮らす人は約4700万人で日本の総人口の約43％に達していた。その中で京都府政は「地方自治の灯台」「革新の灯台」と呼ばれる地位を占めていた。

当時の知事の名は蜷川虎三といい、この人を御神輿《おみこし》として担いでいたのは、今風にいえば「市民と野党の共闘」の京都府政版だった。

蜷川知事は、憲法と地方自治法を府政運営の指針としており、「憲法を暮らしの中に」というスローガンは、それを簡潔に示したもので、それは全国の革新自治体が、革新の看板をかかげる大義の中心に位置づけるものともされていた。

1950年の知事選挙に当選してから、あわてて地方自治を研究したと語る蜷川は——48年から

50年まで米軍占領下の日本政府の初代中小企業庁長官だった――、そのあたりのことをべらんめえ調で次のように語っている。

「地方自治法をよく読んでみた」「地方自治法は憲法に基づいているってことがわかった」「今度は憲法を読み、教育基本法も読んでみた」「じゃあ、地方自治の本旨とは何か。それは結局、住民の暮らしを守ることだ。そんな結論に達しましてね、28年間、ずうっと、それをスローガンにしてきたわけです」(『蜷川虎三回想録・洛陽に吼ゆ』朝日新聞社、1979年)。

憲法、地方自治法、教育基本法の施行はいずれも1947年のことだが、当選直後の蜷川にとり、それはわずか3年前のことだった。社会がダイナミックに動いた時代の事だった。

「15の春は泣かせない」という高校教育の充実――競争を回避しながら高い学力を実現――、「とる漁業より育てる漁業」という先駆的な漁業政策、農民の自主経営を守る「京都食管」、西陣織や丹後ちりめんなど地場産業や郷土産業の育成、北部の過疎地帯と中心部をつなげる「タテの開発」など。これらの政策を通じて、経済的な豊かさの面でも、71年の一人当たり府民所得は大工業地帯をもつ大阪、神奈川、愛知などと肩をならべ、全国5位にランクされていた。

こうして全国の自治体を励ましながら、7期28年に及ぶ知事職をまっとうした蜷川は、78年に引退を表明する。後継候補として蜷川が推したのは元京大法学部長の杉村敏正だったが、残念ながら杉村は当選できず、京都民主府政――京都では革新という言葉以上に民主という言葉が好まれた――は、ここに落城した。当選したのは自民党と新自由クラブが推薦した林田悠紀夫(前自民党参議院議員）だった。

●社会党の右転換と「市民と野党の共闘」の分裂

78年の選挙には、私も学生として加わり、シンボルカラーだったオレンジ色のヤッケを着て、大学の多くの友人とともにビラを配り、民主府政の継続を訴えて歩いていた。府立体育館での大集会では——当時は右翼による襲撃事件も各地で起こっていたので——警備の警察官と並んで最前列に陣取り、「防衛」の役割を担ったこともある。そうした熱の入れようだったので、選挙結果には深く落胆させられた。

今にして思えばこの敗北の大きな要因となっていたのは「市民と野党の共闘」の分裂だった。全国で革新自治体を支えた野党は共産党と社会党だった。しかし、78年の選挙で京都の社会党は杉村を推薦せず、山田芳治（前社会党衆議院議員）を推薦した。その前の74年にも、社会党の右派は自民党等とともに大橋和孝（前社会党参議院議員）を推していた。

京都の政治の構図は全国を先取りするというのは、当時、よく言われたことだったが、事態はその通りに全国に広がった。１９８０年、社会党は公明党との「連合政権についての合意」の中で、共産党を協議の対象としないことを確認した。それまで社会党と共産党の間には、三度の党首会談を通じ「長期の展望にたった統一戦線」の結成に向けた協議の継続が確認されていたが、それを完全に反故にする行為だった。この社会党の右転換をきっかけに、全国にあった「市民と野党の共闘」の地方版は急速に力を失っていき、憲法を政治の指針にかかげる流れは、政治の表舞台から姿を消していった。「共産党を除くオール与党」時代のはじまりである。

●40年後の「市民と野党の共闘」全国版

その後、40年に近い時をへて、憲法をめぐる政治状況はさらに大きく変化した。憲法の実現をかかげた「市民と野党の共闘」が、自民党の政治を揺るがした60年代、70年代と状況はまるで逆転し、いまは政権の中心にいる自民党側が野蛮な改憲案を公表し、衆参両院で改憲派が三分の二以上の議席を確保している。

しかし、状況は悪化の一色《ひといろ》だったわけではない。社会変化の方向は、いつでも様々な力の合力によるのであり、内部には悪化を食いとめようとする逆の力がはたらいていた。その力の到達点が今日「市民と野党の共闘」の全国版として、戦後の政治史になかった姿を現している。それは40年前に中断と逆行を余儀なくされた「憲法を暮らしの中に生かす」運動のより大規模な再開というべきものになっている。

以下では、第一に自民党の改憲案がめざす国の形と、そのような形を求めずにおれない戦後日本の支配体制の特徴について、第二に、革新自治体づくりの運動がもたらした成果への巻き返しから、さらに支配層が改憲への衝動を急速に深めていく90年代以後の政治の流れについて、第三に、その中で政治の転換を切実に求めずにおれなくなった市民による新しい政治の模索の過程を検討する。

2　自民党改憲案がめざすこの国の形

まず自民党の改憲案がめざす近未来の日本社会の全体像についてである。改憲案は日本の社会を、個人の尊厳の擁護を根底においた立憲主義の国から、国家権力が市民の上に立ち、市民を権力に従属させる抑圧の国に転換させるものとなっている。その具体的な特徴は、次の五点にまとめられる。①天皇を頂点にすえる復古主義の国、②アメリカに従属しながら戦争をする国、③市民が自己責任と家族責任のみで生きる国、④大企業支援の運営を経済政策の中心にかかげる国、⑤国家権力への市民の批判を許さぬ国、である。以下、２０１０年に改訂された自民党の新綱領ともあわせて見ていきたい。

●天皇を頂点にすえる復古主義の国

09年に民主党等に政権を追われた自民党は、10年の新綱領で次のように述べている。「我が党は……日本らしい日本の保守主義を政治理念として再出発したい」（前文）。そして「我が党の政策の基本的考え」の第一で「日本らしい日本の姿を示し、世界に貢献できる新憲法の制定を目指す」とした。自民党とは何を目指す政党かと問われれば、今日、最も適切な回答は改憲（新憲法の制定）を目指す政党だということである。改憲につらぬかれる最大の理念は「日本らしい日本の保守主義」だが、その具体的な内容を詳しく明らかにしたのは、12年に発表された改憲案だった。

改憲の目的について改憲案は次のように語っている。

「日本国は、長い歴史と固有の文化をもち、国民統合の象徴である天皇を戴く国家」「日本国民は、良き伝統と我々の国家を末永く子孫に継承するため、ここに、この憲法を制定する」（前文）。以下に見るように、改憲案にはアメリカに従属した共同戦争の実施、これまで以上の財界・大企業などへの奉仕の姿勢をふくんでいる。だが、改憲の最大の目的は何よりここに置かれている。

「天皇を戴く――すなわち頂点にすえる――国家」の具体的な姿はこうなっている。

「天皇は日本国の元首」（第一条）、「国旗は日章旗とし、国歌は君が代とする」「日本国民は、国旗及び国歌を尊重しなければならない」（第三条）、「元号は……皇位の継承があったときに制定する」

第3次安倍再改造内閣と日本会議・神道政治連盟

役職	氏名	所属する国会議員懇談会	
総理	安倍 晋三	日本会議	神道政治連盟
財務・副総理	麻生 太郎	日本会議	神道政治連盟
総務	髙市 早苗	日本会議	神道政治連盟
法務	金田 勝年		神道政治連盟
外務	岸田 文雄	日本会議	神道政治連盟
文部科学	松野 博一	日本会議	神道政治連盟
厚生労働	塩崎 恭久	日本会議	神道政治連盟
農林水産	山本 有二	日本会議	神道政治連盟
経済産業	世耕 弘成		神道政治連盟
国土交通	石井 啓一	創価学会（公明党）	
環境	山本 公一	日本会議	神道政治連盟
防衛	稲田 朋美	日本会議	神道政治連盟
復興	今村 雅弘	日本会議	神道政治連盟
国家公安	松本　純		神道政治連盟
地方創生	山本 幸三	日本会議	神道政治連盟
沖縄北方	鶴保 庸介		神道政治連盟
経済再生	石原 伸晃		神道政治連盟
1億総活躍	加藤 勝信	日本会議	神道政治連盟
東京五輪	丸川 珠代	日本会議	神道政治連盟
官房長官	菅　義偉	日本会議	神道政治連盟

※2016年8月3日発足　　作成・山崎雅弘

（第四条）、天皇は国事行為の他に新たに「公的な行為」を行う（第六条五項）、天皇（および摂政）は「憲法尊重擁護義務」から外され、逆に「国民」を加えることでこの国づくりを全国民の義務とする（第一〇二条）。

　歴史の針を一挙に戦時にもどそうとするかのような内容だが、この時代錯誤ぶりは偶然ではない。安倍内閣の歴代閣僚は多くが「日本会議」「神道政治連盟」「みんなで靖国神社に参拝する国会議員の会」など、侵略の行為をふくむ戦前日本の社会を公然と肯定する諸団体に加わっている。たとえば「神道政治連盟国会議員懇談会」の会員は、衆議院２２５名、参議院80名、計３０５名（２０１７年４月現在）とされているが、現在の閣僚20名のうち19名がこれに加入している。加入していないのは創価学会という宗教団体を最大の支持母体にもつ公明党出身の大臣のみである（17年4月26日に復興大臣は今村氏から吉野正芳氏に交代するが、吉野氏もこの懇談会の一員である）。

　神道政治連盟のホームページには「綱領解説書」が紹介されており、そこで服部貞弘会長（当時）

は、連盟の目的や性格を次のようにまとめている。

本会は「『綱領5ケ条』を掲げて」「昭和44年11月8日に設立」された。それは「我が国の歴史や伝統文化を無視した政治姿勢を匡すと共に皇室の尊厳護持を中心に、国の基本にかかわるさまざまな運動に」取り組むためである。より具体的に述べるなら「政治的には、近燐諸国との友好親善の名のもとに、外圧に簡単に屈（し）」「民族の自衛と東亜の解放のため、やむを得ず戦った大東亜戦争を侵略戦争と称して恥じない弊風」「思想精神的には……偏向教科書の横行」などを正すためである。その歴史修正主義の立場は極めて明快である。

「綱領5ケ条」は、次のようになっている。「1、神道の精神を以って、日本国国政の基礎を確立せんことを期す」「1、神意を奉じて……安国の建設を期す」「1、日本国固有の文化伝統を護持し……雄渾なる日本文化の創造的発展につとめ、もって健全なる国民教育の確立を期す」「1、世界列国との友好親善……時代の弊風を一洗し、自主独立の民族意識の高揚を期す」「1、建国の精神を以て、無秩序なる社会的混乱の克服を期す」。

さらに「解説」は「神道的日本国民の良識的な社会観」「国家観」を次のようにまとめている。

「神々の前に五穀の豊かなること（経済の繁栄）を祈り、勤労を尚び、その収穫にさいしては、その神恩を奉謝する。しかして家族、郷党隣人、同胞相親しみ相援けて、公共の福祉を増進する。かくして、この国を安国と平らけく安らけく知ろしめす天皇（すめらみこと）の大御代の光栄と永久とを祈る。これが日本人の繰り返してきた祭りの心であり、ここに神道的日本国民の良識的な社会観があり、国家観がある」（綱領第二項の解説から）。

自民党改憲案がめざす日本社会像の根底にすえられているのは、こうした「神道の精神」である。だから、改憲案は次のように述べることを忘れない。

「国及び地方自治体その他の公共団体は、特定の宗教のための教育その他の宗教的活動をしてはならない。ただし、社会的儀礼又は習俗的行為の範囲を超えないものについては、この限りでない」（第二〇条）。これは靖国参拝の合憲化にとどまらず、中央・地方の政治の隅々に「神道の精神」をもぐりこませ、それによって「神道の精神を以って、日本国国政の基礎を確立せんこと」そのものを狙ったものである。

●アメリカに従属しながら戦争をする国

自民党新綱領は「我が党の政策の基本的考え」の第一に、「日本らしい日本の姿を示し、世界に貢献できる新憲法の制定」をかかげていた。次は、その中の「世界に貢献できる」国づくりの内容についてである。

新綱領は「政策の基本」の第二で「日本の主権は自らの努力により護る。国際社会の現実に即した責務を果たすとともに、一国平和主義的観念論を排す」と述べている。憲法の恒久平和主義を「一国平和主義」だとねじ曲げて、それを軍事力で平和をつくる悪しき「積極的平和主義」――これもまた貧困や差別や抑圧のない社会づくりを通じて平和をつくるという「積極的平和主義」の本来の概念をねじ曲げたものである——にすりかえていく。

日本国憲法の次の文章を、自民党改憲案はいずれも削除する。「政府の行為によって再び戦争の惨禍が起こることのないやうに」、「日本国民は、恒久の平和を念願し、人間相互の関係を支配する崇高な理念を深く自覚するのであって、平和を愛する諸国民の公正と信義に信頼して、われらの安全と生存を保持しようと決意した」、「いづれの国家も、自国のことのみに専念して他国を無視してはならない」、「全世界の国民が、ひとしく恐怖と欠乏から免かれ、平和のうちに生存する権利を有することを確認する」(いずれも前文)。戦争のできる国づくりを進める上で、これらの理念は邪魔者以外の何物でもないということである。その代わり、前文には「日本国民は、国と郷土を誇りと気概をもって自ら守り」という一文が加えられる。

憲法第九条については「陸海空軍その他の戦力は、これを保持しない。国の交戦権は、これを認めない」は削除である。代わりに、「国防軍は、第一項に規定する任務を遂行するための活動のほか、法律の定めるところにより、国際社会の平和と安全を確保するために国際的に協調して行われる活動及び公の秩序を維持し、又は国民の生命若しくは自由を守るための活動を行うことができる」とされる。「第一項」の任務は基本的に日本の独立を守ることだとされているが、その他の任務として、国防軍はアメリカ等と協調して軍事活動を行い、さらに天皇を頂点とするこの国の形を「維持」するための活動を行うことができるというのである。後者にかかわって第九八条は「内乱等による社会秩序の混乱」があれば、政治の全権を内閣に集中するための緊急事態宣言を行うと定めている。外に向けて戦争をする国は、内に向けて市民の弾圧を行う国にならずにおれない。その暗闇の歴史を再現しようとする内容である。

●市民が自己責任と家族責任のみで生きる国

第三に、自民党新綱領の「政策の基本」は、市民生活と政治の関係についてこう述べている。「自助自立する個人を尊重し、その条件を整えるとともに、共助・公助する仕組を充実する」「地域社会と家族の絆・温かさを再生する」「政府は全ての人に公正な政策や条件づくりに努める」。

つまり自助自立できない個人は尊重しない、そのような個人は地域と家族の「温かさ」に頼って生きればよい、政府の役割は生きる機会の平等を与えることで、結果の平等に責任をもつものではない。ここにあるのは、そうした自己責任論、家族責任論の主張である。

同じことを改憲案は「和を尊び、家族や社会全体が互いに助け合って国家を形成する」（前文）、「家族は、社会の自然かつ基礎的な単位として、尊重される。家族は、互いに助け合わねばならない」（第二四条）などの文言で表している。

また改憲案は憲法第一三条の「すべて国民は、個人として尊重される」を「人として尊重される」という抽象的な表現に曖昧化して――「人」の尊重は、あらゆる「個人」の尊重を必ずしも意味しない──、つづく個人の幸福追求権については「公共の福祉に反しない限り」「最大の尊重を必要とする」とした文章を「公益及び公の秩序に反しない限り」へとすりかえて、天皇を頂点におく国の形（公の秩序）を国民の権利の上におくとしている。ここには国民のための国家から、国家のための国民へという両者の地位の逆転がはっきりと表れている。

そして改憲案は「この憲法が日本国民に保障する基本的人権は、人類の多年にわたる自由獲得の努力の成果であつて、これらの権利は、過去幾多の試錬に堪へ、現在及び将来の国民に対し、侵すことのできない永久の権利として信託されたものである」と書いた日本国憲法第九七条の全文を、見事に削除するものとなっている。

●大企業支援の運営を経済政策の中心にかかげる国

第四に、自民党の新綱領は「政策の基本」で、次のように述べている。「自律と秩序ある市場経済を確立する」「将来の納税者の汗の結晶の使用選択権を奪わぬよう、財政の効率化と税制改正により財政を再建する」。実際に自民党が採っている経済政策を見れば、これが各種の規制緩和や法人税減税によって大企業の利益を最大限に追求する「市場経済の確立」であり、他方で社会保障予算はじめ市民生活関連予算を抑制しながら、消費税増税によって財政赤字を減少させるとする「税と社会保障の一体改革」に基づく財政再建論だということは明白である。

改憲案はさらに「我々は……活力ある経済活動を通じて国を成長させる」(前文)と、財界団体や自民党が大企業の活力を指して用いる「活力ある経済活動」を憲法に組み入れる。その内実は、ご都合主義的な「トリクルダウン(おこぼれ)経済論」を建前に大企業支援を最優先とするもので、改憲案はそれを「我々」すなわち「国民」の義務に仕立て上げようとしている。

また改憲案は「財産権の内容」に対する制約を社会構成員全体の「公共の福祉に適合するやうに」(第二九条)から、自己責任論を前提とする「公益および公の秩序に適合するように」に書き換えて、大企業の活動の自由をますます拡大させようとしている。

「地方自治体は、基礎地方自治体及びこれを包括する広域地方自治体とすることを基本」にとされているのは(第九三条)、全国の都道府県を10程度の「道州」(広域自治体)に統合し、統合された自治体予算を大企業の利益拡大のために活用しようとする財界発の「道州制」論を滑り込ませたものである。

●国家権力への市民の批判を許さぬ国

最後は、こうした危険で強権的な国家に対する市民の批判を許さぬ国づくりについてである。

自民党新綱領は、目指す「日本像」の第一に「家族、地域社会、国への帰属意識を持ち、自立し、共助する国民」の存在を挙げている。また改憲案は「日本国民は、国と郷土を誇りと気概をもって自ら守り」（前文）と、このような国の形に無条件で「誇り」をもつことを求めている。

そのことを改憲案は、次のように具体化する。「公益及び公の秩序を害することを目的とした活動を行い、並びにそれを目的として結社をすることは、認められない」（第二一条）。自民党が目指す「公の秩序」を批判したり、その改革を求める組織やネットワークは「認められない」というのである。これは自民党政権が繰り返し狙う「共謀罪」にも直結したもので、もしこれが成立すれば各種の市民団体や労働組合も、戦時の報国――お国に報いる――型以外は認められないということになりかねない。

さらに「公務員については、全体の奉仕者であることに鑑み……前項に規定する権利の全部または一部を制限することができる」（第二八条）と、多くの労働者からの労働三権の剥奪を公然と規定している。これは公務員を市民への奉仕者から権力への奉仕者に変質させ、公務員を市民に対立させるものでもある。

他方で、改憲案は第九章「緊急事態」を新設し、「内閣総理大臣は、我が国に対する外部からの武力攻撃、内乱等による社会秩序の混乱、地震等による大規模な自然災害その他の法律で定める緊急事態において、特に必要があると認めるときは、法律の定めるところにより、閣議にかけて、緊急事態の宣言を発することができる」（第九八条）、「緊急事態の宣言が発せられたときは、法律の定めるところにより、内閣は法律と同一の効力を有する政令を制定することができる」、その時には「何人も……国その他公の機関の指示に従わなければならない」（第九九条）とする。

「内乱」は、この国の市民による他ない行動だが、すでに見た第九条が「公の秩序を維持し、又は国民の生命若しくは自由を守るための活動」を国防軍の任務とすることとあわせれば、緊急事態宣言は「内乱」鎮圧の名目でこの国の市民に国防軍を差し向けることを、わずか20名ほどの大臣のみで、自由に決することができるようにするというものである。これは独裁国家への道以外の何ものでもない。

●改憲を押し進める三つの力

では、自民党改憲案はなぜこのような日本をめざすのか、その原動力はどこにあるのか。これについては、次の三つの角度からとらえることが必要である。

第一は、戦後の民主的な改革の不徹底やその後のこれへの逆流により、戦前の皇国史観――日本はいつでも天皇を中心に歴史が形成されてきた国であり、天皇に忠義を尽くすことが美徳であるとする歴史観――を継承する人々が、日本国憲法下の政界、財界、マスメディアの中心に広く生き残り、その社会観・歴史観が世代を超えて受け継がれ、今なお一般の市民にも大きな影響力をもっているという問題である。

日本国憲法は世界史的に見てもきわめて先進的な内容をもっており、戦争直後の日本社会はこれを帝国議会で長い時間をかけて審議し、米軍作成の草案に生存権を追記するなど小さくない修正も加えた上で、天皇による裁可もへて施行した。しかし、それは市民の多数が自らの国や社会のあり方を呻吟しながら探求し、古い権力との闘いを通じてこれを勝ち取る「市民（ブルジョア）革命」にとってかわれるものではなかった。その結果、戦後の支配層にも市民にも、憲法の内容に十分追いつくことのできない政治意識の未成熟が残り、それが戦前型の社会観や歴史観を払拭できず、逆に少なからず許容してしまう今日的な思想的後進性の土壌を成している。

第二は、1945年から52年までの米軍による軍事占領を出発点に、自らの軍事・経済戦略に日本を従えさせようとするアメリカと、それに従属することを通じて政治的・経済的利益を追求する日本の支配層という独特の支配・従属関係が日米間に形成されたことである。

足かけ8年の軍事占領の下、「日本国憲法」は「ポツダム宣言」にもとづく日本の民主的改革を米軍が追求した前半の時期に制定（1947年施行）された。しかし、米ソ冷戦・東西冷戦体制の進展の中、47・48年を画期に米軍は「ポツダム」宣言の実施を放棄し、アメリカに従属した軍事大国としての日本の「再建」を追求するようになる。48年に世界で初めて第九条の「改正」を主張したのは他ならぬ米軍である。この占領政策の逆転が戦後日本の社会に、恒久平和主義を特徴とする日本国憲法の下で、対米従属的な軍事大国化が進むという固有の複雑さを生み出した。

第三は、戦後改革の中での半封建的な寄生地主制の解体と天皇制国家の解体をきっかけに、財界・大企業が国内での支配層の中心に立つようになり、その関係が今日まで継続しているという問題である。

戦前の天皇制は、巨大な軍隊とともに軍工廠や様々な産業インフラを独自に所有し、大地主層からも、財閥と呼ばれた大企業からも相対的に独立した権力として存在した。その権力の崩壊は、財界・大企業に初めて自らのための権力を自らの力で形成する機会をもたらした。しかし、同時に制定された日本国憲法は、主権在民と議会制民主主義の原則を生み出しもした。そこで財界は、一方で金と人脈の力で政権政党を制御しながら、他方で大手のメディア――それ自体が財界の一角をなす大企業である――や学校教育を通じて国民世論に影響を与え、時の支配層の方針に多くの有権者の同意を調達するようになる。今日における財界団体の中核は日本経団連である。

こうして52年に形式的な「独立」を獲得した後の日本には、外交・軍事については多くの米軍専用地の提供もふくめてアメリカの方針に従属し、内政とくに経済政策については財界団体からの要望を基本にすえた政治を、皇国史観を色濃く引きずる政党・政治家たちが担うという独特の世界が展開された。これが今日、「自民党改憲案」の内容を規定する根本的な要因となっている。

なお戦時中に「鬼畜米英」を叫んだ皇国史観は、時にアメリカへの従属との間に微妙な摩擦を生み出すが――日本の首相の靖国参拝や、「慰安婦」問題への態度をめぐってなど――、それらはいつでも大局での従属の維持、継続を優先する形で処理されてきた。それにもかかわらず安倍政権下での改憲は危険だという声が、時にアメリカ政府内部からさえ聞こえてくるのは、安倍自民党における皇国史観の強まりが格別に異様なものであることの証左といえる。

3　戦後社会の本格的な破壊の道へ

●運動の成果に対する巻き返し

こうした戦後政治の独特な構造にもかかわらず、主権者としての市民の漸進的な成熟は、1970年代半ばまで「憲法を暮らしの中に生かそう」という運動を、全国各地に広めていった。そこに支配層による大がかりな巻き返しが行われ——日米安保体制の維持に向けたアメリカによる介入もふくめて——、政治の逆転がもたらされたのは70年代後半から80年代にかけての一時期である。すでに見たように「市民と野党の共闘」からの社会党の転落がその象徴的な出来事となった。

そこに至る過程で大きな意味をもったのは、「高度経済成長」期に労資協調を特質とする「日本型労資関係」が大企業職場を中心に形成されたことだった。当時の社会党は総評（日本労働組合総評議会）からの「一党支持」の支援を受けており——それは組合員各人の政治信条の自由を侵害するものだったが——、「日本型労資関係」の形成は社会党の最大の支持母体を弱体化させる意味をもっていた。73年の「賃金爆発」を直接のきっかけに、当時の日経連を中心とした財界団体は労働組合運動の「右寄り再編」を開始させ、89年の「連合」と全労連の結成および総評の解散でその一定の終着を生み出していく。

80年代以後、「共産党をのぞく各党は」という枕詞で、自民党とそれに追随する「野党」の共同の取り組みが語られるのが、政治ニュースの日常となる。それは革新自治体運動の高揚がもたらした大企業への公害規制や社会保障制度の拡充など、自民党政権からすれば市民の運動に対する譲歩と後退の産物が、あらためて破壊されていく過程であった。直前まで経団連の会長だった土光敏夫が政府の「第二臨調」の責任者となり、「増税なき財政再建」の名で、社会保障切り捨ての陣頭指揮を取っていった。

●支配層が目指す社会に向けた戦後社会の破壊の開始

さらに支配層が、70年代までの市民の取り組みに対する巻き返しの域を超え、彼らが本来望む社会づくりに向けて本格的な改革を開始したのは90年代になってのことである。その主な内容は、次のようにまとめられる。

第一は、大企業の儲けこそが社会の富裕化の推進力だとする「トリクルダウン（おこぼれ経済）神話」を隠れ蓑とした、「構造改革」の推進である。それは大企業の行動の自由を拡大し、大型公共事業の費用や軍事費などを惜しみなく大企業に投入し、消費税増税と社会保障費の抑制と引き換えの法人税減税といった、国家による大企業支援の臆面ない全面肯定のはじまりだった。

86年に日本政府は日米貿易摩擦をきっかけに、アメリカからの輸入、アメリカ企業の対日投資、日本国内の需要の拡大などをめざす「前川レポート」をまとめていた。これが89〜90年の「日米構造協議」でアメリカ側の交渉材料として利用され、その後10年で430兆円という——後に630兆円に——公共事業費の爆発的拡大を含む6分野430項目もの規制緩和が、アメリカ政府との合意とされていく。さらに、94年からはアメリカ大企業の自由の拡大を目的とする対日改革要望書が、毎年、日本政府に届けられるようになる。

こうしたアメリカからの圧力は、法的には日米安保条約の経済協力条項（第二条）にもとづくものだが、日本財界はこの外圧を自身のために活用し、日本の経済・社会構造を日米大企業の利潤拡大に向けて共同で改革していく立場に立った。95年に日経連が発表した「新時代の『日本的経営』」は、今日にいたる労働条件改悪の総合的な大号令となり、また同年の社会保障制度審議会からの答申は、自己責任論にもとづく社会保障改革——本来この表現自体が形容矛盾だが——への大号令となった。以後、97年をピークに労働者の賃金と家計所得は低下し、労働者・市民の生活水準は今日まで長期の低下を続けている。

第二は、事実上の安保改定となった96年の日米安保共同宣言である。この宣言は、日本の安全や極東の安全維持というそれまでの安保条約の建前を大きく踏み越え、軍事同盟としての性格を前面に押し出しながら、活動範囲をアジア・太平洋の全域に拡大するものとなった。それは自衛隊の任務を「専守防衛」の制限から完全に解き放つものであり、97年にはこれにもとづく第二次の日米ガイドラインが締結された。それは安倍政権による集団的自衛権の行使容認や安保関連法の強行による立憲主義からの逸脱という今日の政治局面に直結するものだった。

第三は、自民党内部での皇国史観の再確認と「日本会議」など右派諸団体の結成による右翼的潮流の活性化である。93年に「慰安婦」問題への軍と政府の関与を認め、これを反省するとした「河野談話」が発表されると、自民党は内部に歴史検討委員会を発足させ、軍人勅諭（1882年）をきっかけに戦前社会に広く浸透させられた皇国史観の継承を再確認する。そこでの「勉強会」の成果は、侵略と植民地支配を反省した「村山談話」の発表と同じ95年に『大東亜戦争の総括』（展転社）にまとめられた。内容は、南京大虐殺、「慰安婦」問題、沖縄住民への集団自決の強要は事実でなく、それを記載した学校教科書を改善する取り組みを学者主導で行うとするものだった。その後、この方針にしたがって96年には「産経新聞」が「教科書が教えない歴史」のキャンペーンを開始し、97年には「日本会議」「日本の前途と歴史教育を考える若手議員の会」「新しい歴史教科書をつくる会」が結成されることになる。

第四は、右の動きとも深く連動した自民党の単色化が、96年の衆院選でスタートした小選挙区制を通じて加速したということである。それ以前の中選挙区制では、自民党からいくつかの派閥の候補者が同時に当選することが可能だった。しかし、小選挙区制の導入により党本部と意見を違える者の当選はきわめて困難となり、自民党内の派閥間の意見の相違は次第に小さなものとなっていった。それは自民党が皇国史観を再確認する動きの中でのことであり、実際にも96年に首相となった橋本龍太郎氏は、自民党総裁選の公約に靖国神社への公式参拝をかかげ、小泉純一郎氏（01年首相）

は8月15日に公式参拝を行うことを公約とした。こうして90年代の前半に自民党の一部に生まれつつあった、歴史の真実を部分的にせよ直視する動きは中断され、自民党全体の右翼化が進んでいくことになる。2010年の新綱領制定はその大きな区切りとなるものだった。

第五に、こうした急速な政治と社会の劣化に対する市民の批判を封じる予防的な動きとして、90年代後半には特に若い世代に向けて『ＳＰＡ！』などの雑誌で「勝ち組、負け組」論が展開された。市民の暮らしを支える経済・社会制度の急速な脆弱化を、生活困難の中に投げ込まれた市民の自己責任にすりかえるための世論操作である。これが後には、社会の全世代に対する「自己責任」論に拡張されることになる。

90年代に同時多発的に進展させられたこれらの後ろ向きの改革により、日本社会は一挙に、息のしづらい、閉塞感に満ちた社会に変質させられた。バブル崩壊をきっかけとする日本経済の「失われた二十数年」が開始されるのもこの時期である。

●2000年代に連続した改憲案の提起、ソ連・東欧崩壊も背景に

こうして社会を自ら劣化させておきながら、その劣化した社会の「現実に見合った憲法」をつくろうとする動きが、00年代に入って本格化する。「日本国憲法は現実離れした理想論にすぎない」「それでは現状を抜け出すことができない」という角度からの攻撃である。

91年にすでに改憲試案を発表していた「読売新聞」は、01年、04年と立て続けに新たな改憲案を提示した。99年に自民党との連立政権に加わった公明党は、02年に「加憲」の名で事実上の改憲派に身を転じていく。04年には自民党が憲法改正草案大綱を発表し、05年には経団連が「わが国の基本問題を考える」で第九条と第九六条にしぼりこんだ改憲のすすめを展開する。05年にはさらに自民党が改憲をめぐる論点整理、また自民新憲法草案を示し、この年には自民党との政権選択競争に巻き込まれていた民主党も憲法提言を発表した。こうして00年代の日本社会は、多くの政治家や政党が改憲を臆せず堂々と語ることのできる状況となる。

補足しておけば、支配層が90年代にこれほど大がかりな改革を進めることができた背景には、89年のベルリンの壁崩壊に始まるソ連・東欧諸国の崩壊と、それを利用した政権批判の封じ込め、自民党政治を合理化する強力なキャンペーンの推進があった。早くも89年には、アメリカの元国家安全保障担当大統領補佐官ブレジンスキーが書いた『大いなる失敗――20世紀における共産主義の誕生と終焉』(飛鳥新社)の日本語版が出版され、ＮＨＫは90年４月から12月までＮＨＫスペシャル「社会主義の20世紀」の大キャンペーンを行った。

その論調の基本はソ連・東欧の崩壊をマルクスや共産主義の理念の誤りに短絡的に結びつけ、返す刀で「資本主義万歳」「自由競争万歳」を叫んで、新自由主義的改革を加速するものだったが、あわせて、そこには「革新は死んだ」「資本を規制しようとするあらゆる運動は死んだ」との主張がふくまれていた。すべてを自由競争にまかせよという主張は、よりよい社会を目指して努力することそれ自体を否定する意味をもっていた。

4　新しい政権をめざす「市民と野党の共闘」へ

●自民党以後の政治を求めて

こうした政治の劣化と生活困難の深まり、憲法の危機という現実を前に、政治は急速に流動化する。93年には汚職事件での自滅もあったが、自民党は結党以来はじめて政権の座を失う。94年には社会党との連立によって政権に復帰するが、支持率の低下に歯止めはかけられず、一時的な「小泉人気」による回復はあっても、03年からは自民・民主の「二大政党制による政権選択選挙」が演出されずにおれなくなる。注目されるのは、この時期に久しぶりに大規模な市民運動が再開されることである。

04年には「九条の会」が立ち上げられ、その他にも様々な護憲団体が生み出される。小泉政権の後を受けて06年には第一次安倍政権が誕生し、教育基本法改悪、防衛庁の防衛省への格上げ、国民投票法の制定など、改憲をめざす政治が展開されるが、07年の参院選で自民党は歴史的な大敗を喫していく。当時「九条の会」は７０００を大きく超えて全国に広がっていたが、そうした草の根の市民運動は、第九条を守るだけでなく、憲法そのものを守れという声を世論の多数としていった。安倍首相による所信表明直後の政権放棄の後、自民党政権は福田首相、麻生首相をへて民主党等に政権の座を奪われていく。09年の衆院選を通じて民主・社民・国民新党の連立政権が誕生するが、この時、多くの市民は「コンクリートから人へ」「米軍基地は県外へ、海外へ」という民主党のスローガンに強い期待を寄せていった。それは自民党以後の政治に向かう、市民の新しい模索の開始を意味していた。

しかし、財界からの強い要望を受け、自民党は政権復帰に向けて力を集中し、２０１０年の新綱領をまとめていく。それは、多くの市民に否定された90年代型の改革を、さらに強行に押し進めていく姿勢を新たにするものだった。同じ10年には、その自民党をさらに右から支援する「大阪維新の会」が地方政党として誕生し、12年には国政進出を果たしていく。

鳩山政権から菅政権への政権交代の中で、民主党政権は内部の不一致と外部からの圧力により、経済・外交政策の基本を自民党と変わらぬものに戻していた。そこへ11年の東日本大震災と東電福島第一原発の事故が起こり、これへの対応の杜撰さに、特に野田政権への抗議と要望を示す強い市民運動が高揚した。焦点は官邸前で連続的に行われた「脱原発・原発ゼロ」の行動だったが、さらに広くＴＰＰ加入反対、消費税増税反対、辺野古基地新設反対など様々な分野での「一点共闘」が成長した。それは12年に第二次安倍内閣が成立した後も、とどまることなく発展していく。

●憲法の全面実施をめざす政権へ

第二次安倍政権は、07年の歴史的大敗と政権放棄の過去から教訓を得て、歴史認識については国内外での二枚舌を使い分け、政治への市民の批判を抑制するために大手メディアへの介入と支配を強めていった。そして、いよいよ14年には集団的自衛権行使容認の閣議決定を行うが、同時に市民の抵抗も力を増し、同年末には沖縄で「オール沖縄」が翁長知事——元自民党県連幹事長——を誕生させ、つづいて衆院選の全選挙区で自民党候補を敗北させた。15年に安倍政権は、安保関連法を強行するが、強行同日に共産党が「戦争法（安保法制）廃止の国民連合政府」を呼びかけたこともあり、国政転換に向けた「市民と野党の共闘」は一挙に現実味を帯びる課題となった。

年末には安保法に反対するシールズ、ママ、学者、労働・平和運動の総がかりなどが「市民連合」を結成し、これが16年の参院選に向けて野党共闘を進める中核的な推進力となる。共闘側は、参院選で32の一人区すべてに統一候補を立て、11の選挙区で勝利する——13年参院選での野党の勝利は岩手と沖縄の2選挙区のみ——という画期的な成果を生み出した。直後には、長く「保守王国」といわれた新潟の県知事選挙でも共闘候補が勝利した。

この共闘に脅威を感じた支配勢力は、とりわけ「連合」との親密度を深めながら、かつての社会党よろしく民進党に共闘離脱の揺さぶりをかけていく。しかし、自民党候補を相手に小選挙区制下で勝利しようとすれば——衆院選では比例代表をのぞく選挙区選挙のすべてが小選挙区となっている——、もはや共闘を求める市民の声に逆らうことはできない。

さらに特筆すべきは、この間の新しい政権をめざす取り組みの中で、たとえば市民連合が「個人の尊厳を擁護する政治の実現」をかかげたように、市民は日本国憲法がもつ理念全体への理解を深めている。日本国憲法は、①国民主権と国家主権、②恒久平和、③基本的人権の尊重、④議会制民主主義、⑤地方自治などの諸原則をもち、さらに基本的人権については、各種の自由権にくわえて、生存権・教育権・労働条件の法定主義と労働三権などの社会権、「公共の福祉」による経済活動への制限、男女の平等などを定めた上で、これらの人権が「侵すことのできない永久の権利」であることを繰り返し確認するものとなっている。今や市民の運動は、これらすべての実施を求めている。

こうして現瞬間の日本社会は、日本国憲法の危機という点で戦後最も危険な状況にあり、同時に、憲法の全面的な実施を求める市民運動が戦後最も強い力をもって立ち上がる中にもある。この両面が同時に存在するという意味で、日本社会は未来への大きな分岐点に立っている。自民党改憲案がめざす国に向かうのか、日本国憲法の理念をはじめて本格的に実現しうる国に向かうのか、この選択を前にもはや迷いの余地はどこにもない。私たち学者もその一翼を担いながら「市民と野党の共闘」を全国各地に発展させ、「憲法が暮らしの中に生きる」社会に向かって進みたい。

COLUMN コラム

社会運動

大野 至・塩田 潤

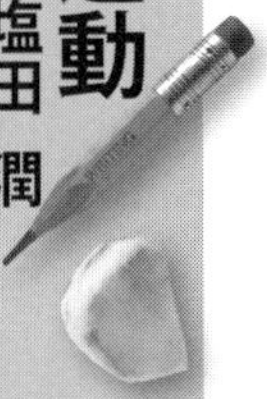

もし、現在自民党が公表している改憲草案に沿って憲法が変われば、社会運動にはどのような影響があるのだろうか。この問いに対して現時点で少なくとも言えるのは、今よりも国民の自由に制限がかかることによって、社会運動にもマイナスの影響を与える可能性が高いということだ。もちろん、社会運動といっても多種多様であるが、ここでは社会に生きる一人ひとり、つまり「個人」の尊厳を核としながら国家や権力に対して異議申し立てを行う市民の行動と定義したい。それは、私たちの行ってきた「ＳＥＡＬＤｓ――自由と民主主義のための学生緊急行動」(以下、ＳＥＡＬＤｓ)の特徴の一つでもあった。

そうした運動が社会にとって必要なのは、「個人」というものが国家権力によって押しつぶされないためである。第二次世界大戦の際のナチスをはじめ、歴史上、様々な形でそうした行為が行われてきた。一方で、国家権力から「個人」の自由を守るために、人類が歴史的に生み出してきた知恵が民主主義や立憲主義という概念である[*1]。

本書でも様々な論者が自民党の改憲草案における危険性を指摘しているが、ここでは特に立憲主義、民主主義の根幹である国家からの個人の自由という観点から考えたい。まず、自民党改憲草案を現行憲法と見比べてみると、明らかに現行憲法よりも国民の義務規定が増えていることがわかる。第三条、第一二条、第二四条、第九九条、第一〇一条などにおいて「義務」や「〜しなければならない」などの言葉が加筆されている。特に第一二条では、国民の自由に対して「公益及び公の秩序に反してはならない」という義務が付加され、いかなる場合であっても公の秩序を最優先しなければならないとの解釈が可能となっている。つまり、国家権力によって国民の自由を制限できる幅が大きく拡張されているのだ。例えば、デモを行う権利は憲法第二一条の「表現の自由」として保障されているが、「公の秩序に反しない」ことが国民の義務として付与されれば、少なくとも現行憲法よりそうした権利が制限されることとなる。さらに、自民党の改憲草案は基本的人権を保障している現行憲法第九七条を削除している。このような点においても、自民党の人権軽視の態度が見え隠れすることも指摘しておかなければならない。

現自民党の改憲草案では、以上のように国民の義務規定を増やし、国家権力によって国民の自由を制限する性格がかなりの程度色濃くなっている。それゆえに、この改憲草案は非立憲主義的で非民主主義的といえる。では、こうした自民党による改憲の動きに対して、冒頭に述べたような社会運動が持つ意味とは何であろうか。

２０１５年の反安保運動は、市民一人ひとりの意思表現として民主主義的であったし、日本国憲法に沿った行動として立憲主義的でもあった。それは例えば、この運動において個人としての参加が強調された点に見て取れる。２０１５年に全国各地で繰り広げられた反安保運動では、若者や子育て世代を中心に個人として数多くの人々が路上に立ち、作られた言葉ではなく、「私」という個人を強調しながら自分たち自身の言葉で政治を語った。また、それぞれの主義主張の統一を試みるのではなく、「安保法制への反対」という一致点を見出し、それを中心に多種多様な人びとがつながり合いながら運動が形成されていった。

こうした運動は、それが「個人」の自由に基づいて立憲主義や民主主義を体現するものであるがゆえに、むしろそれらを守ることができる。ＳＥＡＬＤｓは、この点を意識的に戦略化した。ＳＥＡＬＤｓのメンバーの中には護憲派もいたが、一方で時代や社会の変化とともに現行憲法では守られない「権利」があるとして改憲が必要というメンバーもいた。ただし、一致していたのは現在の自民党改憲草案に沿った憲法改正は許されないという点である。それは自民党の改憲草案が、私たちの運動の根幹となってきた立憲主義や民主主義を否定し、ひいては「個人」を国家へと無条件に従属させるものだと多かれ少なかれメンバーは感じていたからだ。そして、私たちがデモなどで使った「憲法守れ」というコールは、いわゆる護憲派として改憲阻止を訴えたのではなく、「憲法を遵守した政治を行え」、つまり立憲主義に沿って政治は行われなければならないというメッセージであった。そして、これはいまや自民党が切り崩そうとしている現行憲法を、天然記念物のように保護するものというよりは、むしろ自分たちの権利や自由を守る盾とした運動であった。

以上のような「個人」の自由を核とした政治運動が重要であるのは、自民党の改憲草案あるいは、自民党そのものに垣間見える思想がそれとは真逆にあるように見えるからだ。権力によって顔のない国家の一部品とされないために、私たち一人ひとりの主体性が問われている。現行憲法第一二条が述べるように、自由は国民の不断の努力によって保持される。今だけではない、現自民党の改憲草案に抗するためだけではない、常に私たちは問われ続けている。自由を守るために、私たちは自由を行使しなければならない。

＊1　立憲主義、民主主義と自由の関係性については、芦部信善『憲法〔第五版〕』（岩波書店、２０１１年）を参照。

おわりに

本書では、現行の「日本国憲法」が自民党「日本国憲法改正草案」に変更されたとき、この国でどのようなことが起こるのかを、主に関西圏で活躍されている研究者、弁護士、活動家の方たちを中心に「予言」していただいた。予言という表現はいかにも怪しげではあるが、しかしながら、それぞれのご専門の立場からの的確な予言である。近未来の日本を小説風に予言していただいた方もいれば、長年の地に足がついた研究と社会運動の往復の中から予言していただいた方もいる。この国の現在置かれている危機について一人でも多くの方に知っていただきたいという思いから、編者をはじめ、執筆者たちはペンをとった。

先日、ある研究者の方とギリシア神話の予言にまつわる話をした。「戦争で国が滅ぶ」というある預言者の予言をだれも信じず、その結果、国が本当に滅んでしまったという話である。トロイアの女王カッサンドラは、アポロン神と付き合うことと引き替えに予知能力を授かった。その予知能力によって、カッサンドラは自分がアポロンから捨てられてしまうという未来が見えてしまう。その結果、アポロンの愛を拒絶した。それに激怒したアポロンは、カッサンドラの予言を誰も信じないよう呪いをかけたのである。トロイア戦争の際、カッサンドラは、この戦争によって国が滅ぶと予言していた。カッサンドラにはトロイアの滅亡が見えるのだが、それをトロイアの人々にいくら語っても信じてもらえなかった。その予言を誰も信じることがなかったために、トロイアはギリシア軍に滅ぼされた。

この神話の話を聞いたとき、私はすぐに現在の日本の状況と重ね合わせた。このままでは「国が滅ぶ」という一部の市民の悲痛な叫びに、だれも耳を傾けてくれない今の日本。第二次安倍政権が発足してから、たくさんの研究者、弁護士、活動家たちが、現在この国の置かれている危機について発言してきた。しかし、世論はそれほど大きく動くことなく、安倍政権の支持率は高いまま現在まできている。特定秘密保護法、安全保障関連法、総務大臣による電波停止発言、そして共謀罪法が成立した現在、数年前とは全く違った形にこの国は変化してしまった。その変化が今現在、直接まだ目に見えていないとしても、数年後、気づいたときにはすべてを失ってしまっている可能性がある。カッサンドラの予言同様、多くの知識人たちの「予言」は、国民の多くに未だ届いていない。予言という言葉には、運命に抗えないという絶対的ニュアンスが含まれている。しかし予言がどんなに絶対的であったとしても、絶望的状況の中で、その予言を覆すだけの不断の努力を続けていけたならば、時間はかかるかもしれないが、いつかは必ず状況を変えることはできる。そう信じて生きていかなければ、私たちの魂そのものが殺されてしまう。敵の本来のもくろみは、私たちの魂を殺すことにある。

第二次安倍政権以降の暴挙に促される形で、これまでたくさんの市民が声をあげてきた。それら市民の運動はこれまでばらばらに進められてきた。しかし今、そこに連帯が生まれ始めている。子どもをもつママの会、学者の会、セクシュアルマイノリティ、反レイシズム運動、貧困問題と闘う労働者、弁護士会などである。これまでばらばらに活動していた市民が、それぞれの様々な資源を集約し共有することができれば、今後大きな力となるであろう。安全保障関連法が成立した後に立ち上がった関西市民連合が行おうとしているのが、この連帯の形成である。このままでは「国が滅ぶ」という予言を、私たちは変えることができる。現在の絶望的な政治状況を謙虚に受け入れ、それぞれの資源を結集させ、知らなかったことを知ろうとし、私たち自身が変わることができれば、運命は必ず変えられる。そのためには、この本に書かれている予言から逃げないことが重要だ。絶望的状況に向き合うことによってしか、その予言を覆すことはできないのだから。

本来、日本に住む私たち一人ひとりが、政治の主人公である。国の役割は、この私たち一人ひとりの基本的人権を尊重し、その個性を発揮することができるような環境を作っていくことにある。たとえどのような政権であったとしても、これこそが国の果たすべき役割であり、そのことは現行憲法に明確に規定されている。しかし、現在の日本の現実はどうだろうか？　私たちはこれから、個人の自由を制限され、思考停止し、独裁者から言われるがままに動くロボットになりさがるのだろうか。そんなふうに生きるのであれば、それはもはや人間ではない。しかし自民党憲法改正草案を読むと、国は政府の言うことだけを聞いてくれるロボットのような人間を大量生産したいのだということがよく分かる。

　では、私たちはこれからの未来をどう生きていくのか。逆に、私たちのこれまでの生き方は本当に正しかったのだろうか。どれだけ自分らしく生きる努力をしてきただろうか。周りの顔色をうかがい、空気を読み、忖度するような生き方ばかりしてきたのではないか。もしそうだとするならば、私たちはすでに半分ロボットになりさがっていたのだ。今の私たちに必要なことは、私たちの身体の深いレベルから、私たち自身を作り変えていくことなのかもしれない。今の日本の不幸は、自分の個性を押し殺してきたことにこそあるのではないか。今問われていることは、個人の尊厳を認めることができる社会を立て直すことである。それが、リスペクトの政治である。

　本書を出版するにあたり、たくさんの方からのご協力をいただいた。関西圏のそれぞれの大学で結成された安全保障関連法案に反対する大学有志の会の皆様をはじめ、大学有志の会が主催する集会やイベントなどにもたくさんの方々にご参加いただいた。また本書の出版にあたり、法律文化社の掛川直之さんと杉原仁美さんに改めて御礼申し上げます。

2017年6月　**新ヶ江 章友**

資料　自民党日本国憲法改正草案

※傍線は、現行憲法と異なるところであり、ゴシック表記は、その上でさらに重要な修文事項である。

目次

（前文）

日本国は、長い歴史と固有の文化を持ち、国民統合の象徴である天皇を戴く国家であって、国民主権の下、立法、行政及び司法の三権分立に基づいて統治される。

我が国は、先の大戦による荒廃や幾多の大災害を乗り越えて発展し、今や国際社会において重要な地位を占めており、平和主義の下、諸外国との友好関係を増進し、世界の平和と繁栄に貢献する。

日本国民は、国と郷土を誇りと気概を持って自ら守り、基本的人権を尊重するとともに、和を尊び、家族や社会全体が互いに助け合って国家を形成する。

我々は、自由と規律を重んじ、美しい国土と自然環境を守りつつ、教育や科学技術を振興し、活力ある経済活動を通じて国を成長させる。

日本国民は、良き伝統と我々の国家を末永く子孫に継承するため、ここに、この憲法を制定する。

第一章　天皇

（天皇）

第一条　天皇は、日本国の元首であり、日本国及び日本国民統合の象徴であって、その地位は、主権の存する日本国民の総意に基づく。

（皇位の継承）

第二条　皇位は、世襲のものであって、国会の議決した皇室典範の定めるところにより、これを継承する。

（国旗及び国歌）

第三条　国旗は日章旗とし、国歌は君が代とする。

2　日本国民は、国旗及び国歌を尊重しなければならない。

（元号）

第四条　元号は、法律の定めるところにより、皇位の継

承があったときに制定する。

（天皇の権能）
第五条　天皇は、この憲法に定める国事に関する行為を行い、国政に関する権能を有しない。

（天皇の国事行為等）
第六条　天皇は、国民のために、国会の指名に基づいて内閣総理大臣を任命し、内閣の指名に基づいて最高裁判所の長である裁判官を任命する。
2　天皇は、国民のために、次に掲げる国事に関する行為を行う。
一　憲法改正、法律、政令及び条約を公布すること。
二　国会を召集すること。
三　衆議院を解散すること。
四　衆議院議員の総選挙及び参議院議員の通常選挙の施行を公示すること。
五　国務大臣及び法律の定めるその他の国の公務員の任免を認証すること。
六　大赦、特赦、減刑、刑の執行の免除及び復権を認証すること。
七　栄典を授与すること。
八　全権委任状並びに大使及び公使の信任状並びに批准書及び法律の定めるその他の外交文書を認証すること。
九　外国の大使及び公使を接受すること。
十　儀式を行うこと。
3　天皇は、法律の定めるところにより、前二項の行為を委任することができる。
4　天皇の国事に関する全ての行為には、内閣の進言を必要とし、内閣がその責任を負う。ただし、衆議院の解散については、内閣総理大臣の進言による。
5　第一項及び第二項に掲げるもののほか、天皇は、国又は地方自治体その他の公共団体が主催する式典への出席その他の公的な行為を行う。

（摂政）
第七条　皇室典範の定めるところにより摂政を置くときは、摂政は、天皇の名で、その国事に関する行為を行う。
2　第五条及び前条第四項の規定は、摂政について準用する。

（皇室への財産の譲渡等の制限）
第八条　皇室に財産を譲り渡し、又は皇室が財産を譲り受け、若しくは賜与するには、法律で定める場合を除き、国会の承認を経なければならない。

第二章　安全保障

（平和主義）

第九条　日本国民は、正義と秩序を基調とする国際平和を誠実に希求し、国権の発動としての戦争を放棄し、武力による威嚇及び武力の行使は、国際紛争を解決する手段としては用いない。

2　前項の規定は、自衛権の発動を妨げるものではない。

（国防軍）

第九条の二　我が国の平和と独立並びに国及び国民の安全を確保するため、内閣総理大臣を最高指揮官とする国防軍を保持する。

2　国防軍は、前項の規定による任務を遂行する際は、法律の定めるところにより、国会の承認その他の統制に服する。

3　国防軍は、第一項に規定する任務を遂行するための活動のほか、法律の定めるところにより、国際社会の平和と安全を確保するために国際的に協調して行われる活動及び公の秩序を維持し、又は国民の生命若しくは自由を守るための活動を行うことができる。

4　前二項に定めるもののほか、国防軍の組織、統制及び機密の保持に関する事項は、法律で定める。

5　国防軍に属する軍人その他の公務員がその職務の実施に伴う罪又は国防軍の機密に関する罪を犯した場合の裁判を行うため、法律の定めるところにより、国防軍に審判所を置く。この場合においては、被告人が裁判所へ上訴する権利は、保障されなければならない。

（領土等の保全等）

第九条の三　国は、主権と独立を守るため、国民と協力して、領土、領海及び領空を保全し、その資源を確保しなければならない。

第三章　国民の権利及び義務

（日本国民）

第十条　日本国民の要件は、法律で定める。

（基本的人権の享有）

第十一条　国民は、全ての基本的人権を享有する。この憲法が国民に保障する基本的人権は、侵すことのできない永久の権利である。

（国民の責務）

第十二条　この憲法が国民に保障する自由及び権利は、国民の不断の努力により、保持されなければならない。国民は、これを濫用してはならず、自由及び権利には責任及び義務が伴うことを自覚し、常に公益及び公の秩序に反してはならない。

（人としての尊重等）
第十三条　全て国民は、人として尊重される。生命、自由及び幸福追求に対する国民の権利については、公益及び公の秩序に反しない限り、立法その他の国政の上で、最大限に尊重されなければならない。

（法の下の平等）
第十四条　全て国民は、法の下に平等であって、人種、信条、性別、障害の有無、社会的身分又は門地により、政治的、経済的又は社会的関係において、差別されない。
2　華族その他の貴族の制度は、認めない。
3　栄誉、勲章その他の栄典の授与は、現にこれを有し、又は将来これを受ける者の一代に限り、その効力を有する。

（公務員の選定及び罷免に関する権利等）
第十五条　公務員を選定し、及び罷免することは、主権の存する国民の権利である。
2　全て公務員は、全体の奉仕者であって、一部の奉仕者ではない。
3　公務員の選定を選挙により行う場合は、日本国籍を有する成年者による普通選挙の方法による。
4　選挙における投票の秘密は、侵されない。選挙人は、その選択に関し、公的にも私的にも責任を問われない。

（請願をする権利）
第十六条　何人も、損害の救済、公務員の罷免、法律、命令又は規則の制定、廃止又は改正その他の事項に関し、平穏に請願をする権利を有する。
2　請願をした者は、そのためにいかなる差別待遇も受けない。

（国等に対する賠償請求権）
第十七条　何人も、公務員の不法行為により損害を受けたときは、法律の定めるところにより、国又は地方自治体その他の公共団体に、その賠償を求めることができる。

（身体の拘束及び苦役からの自由）
第十八条　何人も、その意に反すると否とにかかわらず、社会的又は経済的関係において身体を拘束されない。
2　何人も、犯罪による処罰の場合を除いては、その意に反する苦役に服させられない。

（思想及び良心の自由）
第十九条　思想及び良心の自由は、保障する。

（個人情報の不当取得の禁止等）
第十九条の二　何人も、個人に関する情報を不当に取得し、保有し、又は利用してはならない。

（信教の自由）
第二十条　信教の自由は、保障する。国は、いかなる宗教団体に対しても、特権を与えてはならない。
2　何人も、宗教上の行為、祝典、儀式又は行事に参加することを強制されない。
3　国及び地方自治体その他の公共団体は、特定の宗教のための教育その他の宗教的活動をしてはならない。ただし、社会的儀礼又は習俗的行為の範囲を超えないものについては、この限りでない。

（表現の自由）
第二十一条　集会、結社及び言論、出版その他一切の表現の自由は、保障する。
2　前項の規定にかかわらず、公益及び公の秩序を害することを目的とした活動を行い、並びにそれを目的として結社をすることは、認められない。
3　検閲は、してはならない。通信の秘密は、侵してはならない。

（国政上の行為に関する説明の責務）
第二十一条の二　国は、国政上の行為につき国民に説明する責務を負う。

（居住、移転及び職業選択等の自由等）
第二十二条　何人も、居住、移転及び職業選択の自由を有する。
2　全て国民は、外国に移住し、又は国籍を離脱する自由を有する。

（学問の自由）
第二十三条　学問の自由は、保障する。

（家族、婚姻等に関する基本原則）
第二十四条　家族は、社会の自然かつ基礎的な単位として、尊重される。家族は、互いに助け合わなければならない。
2　婚姻は、両性の合意に基づいて成立し、夫婦が同等の権利を有することを基本として、相互の協力により、維持されなければならない。
3　家族、扶養、後見、婚姻及び離婚、財産権、相続並びに親族に関するその他の事項に関しては、法律は、個人の尊厳と両性の本質的平等に立脚して、制定されなければならない。

（生存権等）
第二十五条　全て国民は、健康で文化的な最低限度の生活を営む権利を有する。
2　国は、国民生活のあらゆる側面において、社会福祉、社会保障及び公衆衛生の向上及び増進に努めなければならない。

（環境保全の責務）
第二十五条の二　国は、国民と協力して、国民が良好な環境を享受することができるようにその保全に努めなければならない。

（在外国民の保護）
第二十五条の三　国は、国外において緊急事態が生じたときは、在外国民の保護に努めなければならない。

（犯罪被害者等への配慮）
第二十五条の四　国は、犯罪被害者及びその家族の人権及び処遇に配慮しなければならない。

（教育に関する権利及び義務等）
第二十六条　全て国民は、法律の定めるところにより、その能力に応じて、等しく教育を受ける権利を有する。
2　全て国民は、法律の定めるところにより、その保護する子に普通教育を受けさせる義務を負う。義務教育は、無償とする。
3　国は、教育が国の未来を切り拓く上で欠くことのできないものであることに鑑み、教育環境の整備に努めなければならない。

（勤労の権利及び義務等）
第二十七条　全て国民は、勤労の権利を有し、義務を負う。
2　賃金、就業時間、休息その他の勤労条件に関する基準は、法律で定める。
3　何人も、児童を酷使してはならない。

（勤労者の団結権等）
第二十八条　勤労者の団結する権利及び団体交渉その他の団体行動をする権利は、保障する。
2　公務員については、全体の奉仕者であることに鑑み、法律の定めるところにより、前項に規定する権利の全部又は一部を制限することができる。この場合においては、公務員の勤労条件を改善するため、必要な措置が講じられなければならない。

（財産権）
第二十九条　財産権は、保障する。
2　財産権の内容は、公益及び公の秩序に適合するように、法律で定める。この場合において、知的財産権については、国民の知的創造力の向上に資するように配慮しなければならない。
3　私有財産は、正当な補償の下に、公共のために用いることができる。

（納税の義務）
第三十条　国民は、法律の定めるところにより、納税の義務を負う。

（適正手続の保障）
第三十一条　何人も、法律の定める適正な手続によらなければ、その生命若しくは自由を奪われ、又はその他の刑罰を科せられない。

（裁判を受ける権利）
第三十二条　何人も、裁判所において裁判を受ける権利を有する。

（逮捕に関する手続の保障）
第三十三条　何人も、現行犯として逮捕される場合を除いては、裁判官が発し、かつ、理由となっている犯罪を明示する令状によらなければ、逮捕されない。

（抑留及び拘禁に関する手続の保障）
第三十四条　何人も、正当な理由がなく、若しくは理由を直ちに告げられることなく、又は直ちに弁護人に依頼する権利を与えられることなく、抑留され、又は拘禁されない。
2　拘禁された者は、拘禁の理由を直ちに本人及びその弁護人の出席する公開の法廷で示すことを求める権利を有する。

（住居等の不可侵）
第三十五条　何人も、正当な理由に基づいて発せられ、かつ、捜索する場所及び押収する物を明示する令状によらなければ、住居その他の場所、書類及び所持品について、侵入、捜索又は押収を受けない。ただし、第三十三条の規定により逮捕される場合は、この限りでない。
2　前項本文の規定による捜索又は押収は、裁判官が発する各別の令状によって行う。

（拷問及び残虐な刑罰の禁止）
第三十六条　公務員による拷問及び残虐な刑罰は、禁止する。

（刑事被告人の権利）
第三十七条　全て刑事事件においては、被告人は、公平な裁判所の迅速な公開裁判を受ける権利を有する。
2　被告人は、全ての証人に対して審問する機会を十分に与えられる権利及び公費で自己のために強制的手続により証人を求める権利を有する。
3　被告人は、いかなる場合にも、資格を有する弁護人を依頼することができる。被告人が自らこれを依頼することができないときは、国でこれを付する。

（刑事事件における自白等）
第三十八条　何人も、自己に不利益な供述を強要されない。
2　拷問、脅迫その他の強制による自白又は不当に長く抑留され、若しくは拘禁された後の自白は、証拠とすることができない。
3　何人も、自己に不利益な唯一の証拠が本人の自白である場合には、有罪とされない。

（遡及処罰等の禁止）
第三十九条　何人も、実行の時に違法ではなかった行為又は既に無罪とされた行為については、刑事上の責任を問われない。同一の犯罪については、重ねて刑事上の責任を問われない。

（刑事補償を求める権利）
第四十条　何人も、抑留され、又は拘禁された後、裁判の結果無罪となったときは、法律の定めるところにより、国にその補償を求めることができる。

第四章　国会

（国会と立法権）
第四十一条　国会は、国権の最高機関であって、国の唯一の立法機関である。

（両議院）
第四十二条　国会は、衆議院及び参議院の両議院で構成する。

（両議院の組織）
第四十三条　両議院は、全国民を代表する選挙された議員で組織する。
2　両議院の議員の定数は、法律で定める。

（議員及び選挙人の資格）
第四十四条　両議院の議員及びその選挙人の資格は、法律で定める。この場合においては、人種、信条、性別、障害の有無、社会的身分、門地、教育、財産又は収入によって差別してはならない。

（衆議院議員の任期）
第四十五条　衆議院議員の任期は、四年とする。ただし、衆議院が解散された場合には、その期間満了前に終了する。

（参議院議員の任期）
第四十六条　参議院議員の任期は、六年とし、三年ごとに議員の半数を改選する。

（選挙に関する事項）
第四十七条　選挙区、投票の方法その他両議院の議員の選挙に関する事項は、法律で定める。**この場合においては、各選挙区は、人口を基本とし、行政区画、地勢等を総合的に勘案して定めなければならない。**

（両議院議員兼職の禁止）
第四十八条　何人も、同時に両議院の議員となることはできない。

（議員の歳費）
第四十九条　両議院の議員は、法律の定めるところにより、国庫から相当額の歳費を受ける。

（議員の不逮捕特権）
第五十条　両議院の議員は、法律の定める場合を除いては、国会の会期中逮捕されず、会期前に逮捕された議員は、その議院の要求があるときは、会期中釈放しなければならない。

（議員の免責特権）
第五十一条　両議院の議員は、議院で行った演説、討論又は表決について、院外で責任を問われない。

（通常国会）
第五十二条　通常国会は、毎年一回召集される。
2　**通常国会の会期は、法律で定める。**

（臨時国会）
第五十三条　内閣は、臨時国会の召集を決定することができる。いずれかの議院の総議員の四分の一以上の要求があったときは、**要求があった日から二十日以内に臨時国会が召集され**なければならない。

（衆議院の解散と衆議院議員の総選挙、特別国会及び参

（議院の緊急集会）
第五十四条　**衆議院の解散は、内閣総理大臣が決定する。**
２　衆議院が解散されたときは、解散の日から四十日以内に、衆議院議員の総選挙を行い、その選挙の日から三十日以内に、特別国会が召集されなければならない。
３　衆議院が解散されたときは、参議院は、同時に閉会となる。ただし、内閣は、国に緊急の必要があるときは、参議院の緊急集会を求めることができる。
４　前項ただし書の緊急集会において採られた措置は、臨時のものであって、次の国会開会の後十日以内に、衆議院の同意がない場合には、その効力を失う。

（議員の資格審査）
第五十五条　両議院は、各々その議員の資格に関し争いがあるときは、これについて審査し、議決する。ただし、議員の議席を失わせるには、出席議員の三分の二以上の多数による議決を必要とする。

（表決及び定足数）
第五十六条　両議院の議事は、この憲法に特別の定めのある場合を除いては、出席議員の過半数で決し、可否同数のときは、議長の決するところによる。
２　**両議院の議決は、各々その総議員の三分の一以上の出席がなければすることができない。**

（会議及び会議録の公開等）
第五十七条　両議院の会議は、公開しなければならない。ただし、出席議員の三分の二以上の多数で議決したときは、秘密会を開くことができる。
２　両議院は、各々その会議の記録を保存し、秘密会の記録の中で特に秘密を要すると認められるものを除き、これを公表し、かつ、一般に頒布しなければならない。
３　出席議員の五分の一以上の要求があるときは、各議員の表決を会議録に記載しなければならない。

（役員の選任並びに議院規則及び懲罰）
第五十八条　両議院は、各々その議長その他の役員を選任する。
２　両議院は、各々その会議その他の手続及び内部の規律に関する規則を定め、並びに院内の秩序を乱した議員を懲罰することができる。ただし、議員を除名するには、出席議員の三分の二以上の多数による議決を必要とする。

（法律案の議決及び衆議院の優越）
第五十九条　法律案は、この憲法に特別の定めのある場合を除いては、両議院で可決したとき法律となる。
２　衆議院で可決し、参議院でこれと異なった議決をした法律案は、衆議院で出席議員の三分の二以上の多数で再び可決したときは、法律となる。

3　前項の規定は、法律の定めるところにより、衆議院が両議院の協議会を開くことを求めることを妨げない。

4　参議院が、衆議院の可決した法律案を受け取った後、国会休会中の期間を除いて六十日以内に、議決しないときは、衆議院は、参議院がその法律案を否決したものとみなすことができる。

（予算案の議決等に関する衆議院の優越）

第六十条　予算案は、先に衆議院に提出しなければならない。

2　予算案について、参議院で衆議院と異なった議決をした場合において、法律の定めるところにより、両議院の協議会を開いても意見が一致しないとき、又は参議院が、衆議院の可決した予算案を受け取った後、国会休会中の期間を除いて三十日以内に、議決しないときは、衆議院の議決を国会の議決とする。

（条約の承認に関する衆議院の優越）

第六十一条　条約の締結に必要な国会の承認については、前条第二項の規定を準用する。

（議院の国政調査権）

第六十二条　両議院は、各々国政に関する調査を行い、これに関して、証人の出頭及び証言並びに記録の提出を要求することができる。

（内閣総理大臣等の議院出席の権利及び義務）

第六十三条　内閣総理大臣及びその他の国務大臣は、議案について発言するため両議院に出席することができる。

2　内閣総理大臣及びその他の国務大臣は、答弁又は説明のため議院から出席を求められたときは、出席しなければならない。**ただし、職務の遂行上特に必要がある場合は、この限りでない。**

（弾劾裁判所）

第六十四条　国会は、罷免の訴追を受けた裁判官を裁判するため、両議院の議員で組織する弾劾裁判所を設ける。

2　弾劾に関する事項は、法律で定める。

（政党）

第六十四条の二　国は、政党が議会制民主主義に不可欠の存在であることに鑑み、その活動の公正の確保及びその健全な発展に努めなければならない。

2　政党の政治活動の自由は、保障する。

3　前二項に定めるもののほか、政党に関する事項は、法律で定める。

第五章　内閣

（内閣と行政権）
第六十五条　行政権は、この憲法に特別の定めのある場合を除き、内閣に属する。

（内閣の構成及び国会に対する責任）
第六十六条　内閣は、法律の定めるところにより、その首長である内閣総理大臣及びその他の国務大臣で構成する。
2　内閣総理大臣及び全ての国務大臣は、現役の軍人であってはならない。
3　内閣は、行政権の行使について、国会に対し連帯して責任を負う。

（内閣総理大臣の指名及び衆議院の優越）
第六十七条　内閣総理大臣は、国会議員の中から国会が指名する。
2　国会は、他の全ての案件に先立って、内閣総理大臣の指名を行わなければならない。
3　衆議院と参議院とが異なった指名をした場合において、法律の定めるところにより、両議院の協議会を開いても意見が一致しないとき、又は衆議院が指名をした後、国会休会中の期間を除いて十日以内に、参議院が指名をしないときは、衆議院の指名を国会の指名とする。

（国務大臣の任免）
第六十八条　内閣総理大臣は、国務大臣を任命する。この場合においては、その過半数は、国会議員の中から任命しなければならない。
2　内閣総理大臣は、任意に国務大臣を罷免することができる。

（内閣の不信任と総辞職）
第六十九条　内閣は、衆議院が不信任の決議案を可決し、又は信任の決議案を否決したときは、十日以内に衆議院が解散されない限り、総辞職をしなければならない。

（内閣総理大臣が欠けたとき等の内閣の総辞職等）
第七十条　内閣総理大臣が欠けたとき、又は衆議院議員の総選挙の後に初めて国会の召集があったときは、内閣は、総辞職をしなければならない。
2　内閣総理大臣が欠けたとき、その他これに準ずる場合として法律で定めるときは、内閣総理大臣があらかじめ指定した国務大臣が、臨時に、その職務を行う。

（総辞職後の内閣）

第七十一条　前二条の場合には、内閣は、新たに内閣総理大臣が任命されるまでの間は、引き続き、その職務を行う。

（内閣総理大臣の職務）

第七十二条　内閣総理大臣は、行政各部を指揮監督し、その総合調整を行う。

2　内閣総理大臣は、内閣を代表して、議案を国会に提出し、並びに一般国務及び外交関係について国会に報告する。

3　内閣総理大臣は、最高指揮官として、国防軍を統括する。

（内閣の職務）

第七十三条　内閣は、他の一般行政事務のほか、次に掲げる事務を行う。

一　法律を誠実に執行し、国務を総理すること。

二　外交関係を処理すること。

三　条約を締結すること。ただし、事前に、やむを得ない場合は事後に、国会の承認を経ることを必要とする。

四　法律の定める基準に従い、国の公務員に関する事務をつかさどること。

五　予算案及び法律案を作成して国会に提出すること。

六　法律の規定に基づき、政令を制定すること。ただし、政令には、特にその法律の委任がある場合を除いては、義務を課し、又は権利を制限する規定を設けることができない。

七　大赦、特赦、減刑、刑の執行の免除及び復権を決定すること。

（法律及び政令への署名）

第七十四条　法律及び政令には、全て主任の国務大臣が署名し、内閣総理大臣が連署することを必要とする。

（国務大臣の不訴追特権）

第七十五条　国務大臣は、その在任中、内閣総理大臣の同意がなければ、公訴を提起されない。ただし、国務大臣でなくなった後に、公訴を提起することを妨げない。

第六章　司法

（裁判所と司法権）

第七十六条　全て司法権は、最高裁判所及び法律の定めるところにより設置する下級裁判所に属する。

2　特別裁判所は、設置することができない。行政機関は、最終的な上訴審として裁判を行うことができない。
3　全て裁判官は、その良心に従い独立してその職権を行い、この憲法及び法律にのみ拘束される。

（最高裁判所の規則制定権）
第七十七条　最高裁判所は、裁判に関する手続、弁護士、裁判所の内部規律及び司法事務処理に関する事項について、規則を定める権限を有する。
2　検察官、弁護士その他の裁判に関わる者は、最高裁判所の定める規則に従わなければならない。
3　最高裁判所は、下級裁判所に関する規則を定める権限を、下級裁判所に委任することができる。

（裁判官の身分保障）
第七十八条　裁判官は、次条第三項に規定する場合及び心身の故障のために職務を執ることができないと裁判により決定された場合を除いては、第六十四条第一項の規定による裁判によらなければ罷免されない。行政機関は、裁判官の懲戒処分を行うことができない。

（最高裁判所の裁判官）
第七十九条　最高裁判所は、その長である裁判官及び法律の定める員数のその他の裁判官で構成し、最高裁判所の長である裁判官以外の裁判官は、内閣が任命する。

2　最高裁判所の裁判官は、その任命後、**法律の定めるところにより、国民の審査を受けなければならない。**
3　前項の審査において罷免すべきとされた裁判官は、罷免される。
4　最高裁判所の裁判官は、法律の定める年齢に達した時に退官する。
5　最高裁判所の裁判官は、全て定期に相当額の報酬を受ける。この報酬は、在任中、**分限又は懲戒による場合及び一般の公務員の例による場合を除き、**減額できない。

（下級裁判所の裁判官）
第八十条　下級裁判所の裁判官は、最高裁判所の指名した者の名簿によって、内閣が任命する。その裁判官は、**法律の定める任期を限って任命され、**再任されることができる。ただし、法律の定める年齢に達した時には、退官する。
2　**前条第五項の規定は、下級裁判所の裁判官の報酬について準用する。**

（法令審査権と最高裁判所）
第八十一条　最高裁判所は、一切の法律、命令、規則又は処分が憲法に適合するかしないかを決定する権限を有する最終的な上訴審裁判所である。

（裁判の公開）
第八十二条　裁判の口頭弁論及び公判手続並びに判決は、公開の法廷で行う。
2　裁判所が、裁判官の全員一致で、公の秩序又は善良の風俗を害するおそれがあると決した場合には、口頭弁論及び公判手続は、公開しないで行うことができる。ただし、政治犯罪、出版に関する犯罪又は第三章で保障する国民の権利が問題となっている事件の口頭弁論及び公判手続は、常に公開しなければならない。

第七章　財政

（財政の基本原則）
第八十三条　国の財政を処理する権限は、国会の議決に基づいて行使しなければならない。
2　財政の健全性は、法律の定めるところにより、確保されなければならない。

（租税法律主義）
第八十四条　租税を新たに課し、又は変更するには、法律の定めるところによることを必要とする。

（国費の支出及び国の債務負担）
第八十五条　国費を支出し、又は国が債務を負担するには、国会の議決に基づくことを必要とする。

（予算）
第八十六条　内閣は、毎会計年度の予算案を作成し、国会に提出して、その審議を受け、議決を経なければならない。
2　内閣は、毎会計年度中において、予算を補正するための予算案を提出することができる。
3　内閣は、当該会計年度開始前に第一項の議決を得られる見込みがないと認めるときは、**暫定期間に係る予算案を提出しなければならない。**
4　毎会計年度の予算は、法律の定めるところにより、国会の議決を経て、翌年度以降の年度においても支出することができる。

（予備費）
第八十七条　予見し難い予算の不足に充てるため、国会の議決に基づいて予備費を設け、内閣の責任でこれを支出することができる。
2　全て予備費の支出については、内閣は、事後に国会の承諾を得なければならない。

（皇室財産及び皇室の費用）
第八十八条　全て皇室財産は、国に属する。全て皇室の費用は、予算案に計上して国会の議決を経なければならない。

（公の財産の支出及び利用の制限）
第八十九条　公金その他の公の財産は、第二十条第三項ただし書に規定する場合を除き、宗教的活動を行う組織若しくは団体の使用、便益若しくは維持のため支出し、又はその利用に供してはならない。
2　公金その他の公の財産は、国若しくは地方自治体その他の公共団体の監督が及ばない慈善、教育若しくは博愛の事業に対して支出し、又はその利用に供してはならない。

（決算の承認等）
第九十条　内閣は、国の収入支出の決算について、全て毎年会計検査院の検査を受け、法律の定めるところにより、次の年度にその検査報告とともに両議院に提出し、その承認を受けなければならない。
2　会計検査院の組織及び権限は、法律で定める。
3　内閣は、第一項の検査報告の内容を予算案に反映させ、国会に対し、その結果について報告しなければならない。

（財政状況の報告）
第九十一条　内閣は、国会に対し、定期に、少なくとも毎年一回、国の財政状況について報告しなければならない。

第八章　地方自治

（地方自治の本旨）
第九十二条　地方自治は、住民の参画を基本とし、住民に身近な行政を自主的、自立的かつ総合的に実施することを旨として行う。
2　住民は、その属する地方自治体の役務の提供を等しく受ける権利を有し、その負担を公平に分担する義務を負う。

（地方自治体の種類、国及び地方自治体の協力等）
第九十三条　地方自治体は、基礎地方自治体及びこれを包括する広域地方自治体とすることを基本とし、その種類は、法律で定める。
2　地方自治体の組織及び運営に関する基本的事項は、地方自治の本旨に基づいて、法律で定める。
3　国及び地方自治体は、法律の定める役割分担を踏まえ、協力しなければならない。地方自治体は、相互に協力しなければならない。

（地方自治体の議会及び公務員の直接選挙）
第九十四条　地方自治体には、法律の定めるところにより、条例その他重要事項を議決する機関として、議会を設置する。

2　地方自治体の長、議会の議員及び法律の定めるその他の公務員は、当該地方自治体の住民であって日本国籍を有する者が直接選挙する。

（地方自治体の権能）

第九十五条　地方自治体は、その事務を処理する権能を有し、法律の範囲内で条例を制定することができる。

（地方自治体の財政及び国の財政措置）

第九十六条　地方自治体の経費は、条例の定めるところにより課する地方税その他の自主的な財源をもって充てることを基本とする。

2　国は、地方自治体において、前項の自主的な財源だけでは地方自治体の行うべき役務の提供ができないときは、法律の定めるところにより、必要な財政上の措置を講じなければならない。

3　第八十三条第二項の規定は、地方自治について準用する。

（地方自治特別法）

第九十七条　特定の地方自治体の組織、運営若しくは権能について他の地方自治体と異なる定めをし、又は特定の地方自治体の住民にのみ義務を課し、権利を制限する特別法は、法律の定めるところにより、その地方自治体の住民の投票において有効投票の過半数の同意を得なければ、制定することができない。

第九章　緊急事態

（緊急事態の宣言）

第九十八条　内閣総理大臣は、我が国に対する外部からの武力攻撃、内乱等による社会秩序の混乱、地震等による大規模な自然災害その他の法律で定める緊急事態において、特に必要があると認めるときは、法律の定めるところにより、閣議にかけて、緊急事態の宣言を発することができる。

2　緊急事態の宣言は、法律の定めるところにより、事前又は事後に国会の承認を得なければならない。

3　内閣総理大臣は、前項の場合において不承認の議決があったとき、国会が緊急事態の宣言を解除すべき旨を議決したとき、又は事態の推移により当該宣言を継続する必要がないと認めるときは、法律の定めるところにより、閣議にかけて、当該宣言を速やかに解除しなければならない。また、百日を超えて緊急事態の宣言を継続しようとするときは、百日を超えるごとに、事前に国会の承認を得なければならない。

4　第二項及び前項後段の国会の承認については、第六十条第二項の規定を準用する。この場合において、同項中「三十日以内」とあるのは、「五日以内」と読み替えるものとする。

（緊急事態の宣言の効果）
第九十九条　緊急事態の宣言が発せられたときは、法律の定めるところにより、内閣は法律と同一の効力を有する政令を制定することができるほか、内閣総理大臣は財政上必要な支出その他の処分を行い、地方自治体の長に対して必要な指示をすることができる。

2　前項の政令の制定及び処分については、法律の定めるところにより、事後に国会の承認を得なければならない。

3　緊急事態の宣言が発せられた場合には、何人も、法律の定めるところにより、当該宣言に係る事態において国民の生命、身体及び財産を守るために行われる措置に関して発せられる国その他公の機関の指示に従わなければならない。この場合においても、第十四条、第十八条、第十九条、第二十一条その他の基本的人権に関する規定は、最大限に尊重されなければならない。

4　緊急事態の宣言が発せられた場合においては、法律の定めるところにより、その宣言が効力を有する期間、衆議院は解散されないものとし、両議院の議員の任期及びその選挙期日の特例を設けることができる。

第十章　改正

第百条　この憲法の改正は、衆議院又は参議院の議員の発議により、両議院のそれぞれの総議員の過半数の賛成で国会が議決し、国民に提案してその承認を得なければならない。この承認には、法律の定めるところにより行われる国民の投票において有効投票の過半数の賛成を必要とする。

2　憲法改正について前項の承認を経たときは、天皇は、直ちに憲法改正を公布する。

第十一章　最高法規

（憲法の最高法規性等）
第百一条　この憲法は、国の最高法規であって、その条規に反する法律、命令、詔勅及び国務に関するその他の行為の全部又は一部は、その効力を有しない。

2　日本国が締結した条約及び確立された国際法規は、これを誠実に遵守することを必要とする。

（憲法尊重擁護義務）
第百二条　全て国民は、この憲法を尊重しなければならない。

2　国会議員、国務大臣、裁判官その他の公務員は、この憲法を擁護する義務を負う。

附　則

（施行期日）
1　この憲法改正は、平成〇年〇月〇日から施行する。ただし、次項の規定は、公布の日から施行する。
（施行に必要な準備行為）
2　この憲法改正を施行するために必要な法律の制定及び改廃その他この憲法改正を施行するために必要な準備行為は、この憲法改正の施行の日よりも前に行うことができる。
（適用区分等）
3　改正後の日本国憲法第七十九条第五項後段（改正後の第八十条第二項において準用する場合を含む。）の規定は、改正前の日本国憲法の規定により任命された最高裁判所の裁判官及び下級裁判所の裁判官の報酬についても適用する。
4　この憲法改正の施行の際現に在職する下級裁判所の裁判官については、その任期は改正前の日本国憲法第八十条第一項の規定による任期の残任期間とし、改正後の日本国憲法第八十条第一項の規定により再任されることができる。
5　改正後の日本国憲法第八十六条第一項、第二項及び第四項の規定はこの憲法改正の施行後に提出される予算案及び予算から、同条第三項の規定はこの憲法改正の施行後に提出される同条第一項の予算案に係る会計年度における暫定期間に係る予算案から、それぞれ適用し、この憲法改正の施行前に提出された予算及び当該予算に係る会計年度における暫定期間に係る予算については、なお従前の例による。
6　改正後の日本国憲法第九十条第一項及び第三項の規定は、この憲法改正の施行後に提出される決算から適用し、この憲法改正の施行前に提出された決算については、なお従前の例による。

＊　＊　＊

削除された条文

第四条②　天皇は、法律の定めるところにより、その国事に関する行為を委任することができる。
第五条　皇室典範の定めるところにより摂政を置くときは、摂政は、天皇の名でその国事に関する行為を行ふ。この場合には、前条第一項の規定を準用する。
第七十九条④　審査に関する事項は、法律でこれを定める。
第九十七条　この憲法が日本国民に保障する基本的人権は、人類の多年にわたる自由獲得の努力の成果であつて、これらの権利は、過去幾多の試錬に堪へ、現在及び将来の国民に対し、侵すことのできない永久の権利として信託されたものである。

■執筆者紹介（＊は編者／執筆順）

＊伊《い》地《ぢ》知《ち》紀《のり》子《こ》　大阪市立大学大学院文学研究科教授

山室《やまむろ》　信一《しんいち》　京都大学名誉教授

内田《うちだ》　樹《たつる》　神戸女学院大学名誉教授

藤原《ふじはら》　辰史《たつし》　京都大学人文科学研究所准教授

石埼《いしざき》　学《まなぶ》　龍谷大学法学部教授

中村《なかむら》　一成《いるそん》　ジャーナリスト

武村《たけむら》二《ふ》三《み》夫《お》　弁護士（大阪弁護士会）

西垣《にしがき》　順子《じゅんこ》　大阪市立大学大学教育研究センター准教授

岩佐《いわさ》　卓也《たくや》　神戸大学大学院人間発達環境学研究科准教授

弘川《ひろかわ》　欣絵《よしえ》　弁護士（大阪弁護士会）

香山《かやま》　リカ　立教大学現代心理学部教授

西澤《にしざわ》　晃彦《あきひこ》　神戸大学大学院国際文化学研究科教授

金《きむ》　尚均《さんぎゅん》　龍谷大学法学部教授

石川《いしかわ》　康宏《やすひろ》　神戸女学院大学文学部教授

大野《おおの》　至《いたる》　関西市民連合、元SEALDs KANSAI

塩田《しおた》　潤《じゅん》　関西市民連合、元SEALDs KANSAI

＊新《しん》ヶ《が》江《え》章友《あきとも》　大阪市立大学大学院創造都市研究科准教授

Horitsu Bunka Sha

本当は怖い自民党改憲草案

2017年7月31日　初版第1刷発行

編　者　伊《い》地《ぢ》知《ち》紀子《のりこ》・新《しん》ヶ《が》江《え》章友《あきとも》

発行者　田　靡　純　子

発行所　株式会社 法律文化社

〒603-8053
京都市北区上賀茂岩ヶ垣内町71
電話 075(791)7131　FAX 075(721)8400
http://www.hou-bun.com/

＊乱丁など不良本がありましたら、ご連絡ください。
お取り替えいたします。

印刷：共同印刷工業㈱／製本：㈱藤沢製本
装幀：谷本天志

ISBN978-4-589-03859-3

大石 眞著

統治機構の憲法構想

A5判・三八八頁・七二〇〇円

統治機構に関する憲法上の諸問題を考究した20論考を、憲法総論、自衛権、天皇関係、選挙制度・立法府、内閣、違憲審査制、地方自治の7部にわけて構成。集団的自衛権の行使容認などいまだ議論が続く憲法論議にも一石を投じる。

阪口正二郎・毛利 透・愛敬浩二編

なぜ表現の自由か
―理論的視座と現況への問い―

A5判・二六六頁・三〇〇〇円

表現の自由は、なぜ・どのように保障されるべきなのかについて憲法学の成果をふまえ考察し、理論的視座と課題を明示する。ヘイトスピーチ・報道・性表現への規制や「忘れられる権利」などの新たな課題も含め表現の自由を取り巻く現況を考察する。

京都憲法会議監修／木藤伸一朗・倉田原志・奥野恒久編

憲法「改正」の論点
―憲法原理から問い直す―

A5判・一七八頁・一九〇〇円

「自民党憲法改正草案」を中心に昨今の改憲動向を概観のうえ、憲法の基本原理から改憲論を批判的に問い直す。改憲論における論点だけでなく明文改憲の動向も含め包括的に検討し、憲法理念の礎と憲法擁護運動の道標を提示する。

桧垣伸次著

ヘイト・スピーチ規制の憲法学的考察
―表現の自由のジレンマ―

A5判・二四二頁・四八〇〇円

ヘイト・スピーチ規制をめぐる憲法上の議論を根源的に考察。アメリカにおける判例・理論をヘイト・クライム規制も含めその展開を概観するとともに、「批判的人種理論」や「表現の自由の原理論」の近年の動向を検討し、日本への示唆を明示する。

グレン・D・フック／桜井智恵子編

戦争への終止符
―未来のための日本の記憶―

A5判・二〇〇頁・三〇〇〇円

戦争の歴史がいかに位置づけられ理解されてきたのか。過去の認識と現在の政治形成との関係に着目する「記憶研究」の見地からていねいに解き明かす。そして再び戦争をする国へと変わろうとしている日本へ警鐘を鳴らす。

法律文化社

表示価格は本体（税別）価格です